생각을
피부에 바르다

이종현 지음

" 야학소년, K-뷰티 CEO 되다 "

목차

추천하는 글 · 06

프롤로그 그때, 내가 생각을 바꾸지 않았다면 · 08

● 제 1장 **아버지를 잃고 세상에 서다**

01 나의 아버지 · 15

02 어머니의 눈물과 헌신 · 203

03 어린 날의 상실, 새로운 시작 · 24

04 논밭과 바다는 나를 키운 스승 · 29

05 열다섯, 서울로 상경 · 33

06 웃음은 최고의 긍정이다 · 40

제 2장 **배움과 도전의 시간**

01 야학에서 배움을 시작하다 · 49

02 아파트 세차에서 배운 관계의 힘 · 56

03 공부는 끝없는 갈증처럼 남아 있었다 · 64

04 새로운 조직 '신방문판매'에 도전하다 · 72

05 EQ 코스메틱, 첫 도전의 쓰라린 실패 · 79

06 IMF, 가족의 힘으로 생존하다 · 84

07 축복의 인터넷 도전 · 91

08 진심은 결국 피부를 편안하게 한다 · 99

제 3장 **닥터올가, 새로운 시작**

01 닥터올가, 자연과 고객이 함께 만든 이야기 · 109

02 K-뷰티의 새로운 기준, 100 선크림의 선언 · 115

03 신뢰를 바르다, 캐나다 클린뷰티 선크림 1위 · 119

04 착한 성분과 사용감, 둘 다 잡다 · 123

05 닥터올가의 건강한 세안 철학 · 127

06 닥터올가 베이비, 바보 같은 도전 · 132

● 제 4장 **비즈니스 본질을 고민하다**

01 산호초를 지키는 선크림, 닥터올가의 시작이 되다 · 141

02 닥터올가는 어떤 브랜드를 꿈꾸는가? · 147

03 고객과 함께 성장하는 브랜드 · 153

04 닥터올가, 미국 코스트코에 입점하다 · 158

05 유튜버 러너와 함께 만든 '사명 있는 인연' · 163

06 가족이기에 힘들었고, 가족이기에 가능했다 · 170

● 제 5장 **삶의 철학과 사람 이야기**

01 생각을 바꾸면 팔자가 바뀐다 · 179

02 독서로 반성하고 깨우치는 삶 · 186

03 닥터올가의 힘, 사람이 먼저다 · 195

04 고객은 우리의 운명 · 203

05 헛된 실패는 없다 · 209

06 사람 먼저, 관계의 비즈니스 · 215

07 마지막 꿈을 향한 여정 · 220

08 어떤 어른으로 살고 싶은가? · 223

에필로그 아내와 엄마, 내 삶의 가장 큰 행운 · 228

● 추천하는 글 ●

저는 이종현 대표를 박진영 코칭 대표의 소개로 처음 만났을 때, 진정성 있는 열정과 겸손한 태도 속에서 특별한 가능성을 보았습니다.

그는 단 하루도 배움을 멈추지 않았고, 매 순간의 만남과 경험을 자신의 성장을 위한 소중한 양분으로 삼았습니다. 그의 이러한 자세는 주변 사람들에게도 깊은 영감을 주었습니다.

'조서환 마케팅 사관학교 2021년 7기'에서 그가 보여준 모습은 단순한 학습을 넘어선 진정한 깨달음의 여정이었습니다. 그는 경영의 본질을 사람과의 관계, 그리고 함께 성장하는 상생의 가치에서 찾았습니다.

그의 한결같은 성실함과 두려움 없는 내가 받은 도전 정신은 60명의 동기들 사이에서 빛나는 등대와 같았고, '베스트 CEO상' 수상은 그의 진정성이 맺은 자연스러운 결실이었습니다.

K-뷰티 산업에서 이종현 대표가 이룬 성과는 단순한 비즈니스의 성공을 넘어섭니다. 그의 여정은 하나님이 주신 소명을 실현하는 거룩한 사명이었으며, 이를 통해 세상에 새로운 가치를 전파하는 귀한 통로가 되었습니다.

"두려워하지 말라. 정복하고 다스리라"는 말씀을 가슴 깊이 새기며 걸어온 그의 여정은 신앙의 빛으로 더욱 빛나고 있습니다. 이는 그가 준비하는 더 큰 도약을 위한 단단한 기반이 되었으며, 그의 발걸음은 이제 대한민국을 넘어 전 세계에 희망의 메시지를 전하고 있습니다.

이 책에는 역경 속에서도 생각에 대한 믿음을 지켜낸 한 기업인의 진솔한 이야기가 담겨있습니다. 그가 체득한 지혜와 영성이 화장품이라는 매개체를 통해 어떻게 구현되었는지, 그 놀라운 여정이 생생하게 펼쳐집니다.

독자 여러분은 이 책을 통해 신앙과 사업이 어떻게 아름답게 조화를 이룰 수 있는지, 그리고 어려운 현실 속에서도 꿈을 이루어가는 용기가 무엇인지를 깊이 있게 체험하게 될 것입니다.

이 책은 단순한 성공 스토리가 아닙니다. 이는 우리 시대가 필요로 하는 진정한 리더십과 영성의 본보기이며, 많은 이들에게 새로운 희망과 도전의 불씨가 될 것입니다.

이종현 대표가 보여준 한결같은 신념과 원대한 비전은 우리 사회에 깊은 울림을 주며, 다음 세대에게 전해질 귀중한 유산이 될 것입니다.

아시아태평양마케팅포럼 회장 조서환
전 KTF 부사장 "모티베이터", "근성" 저자

── ●● 프롤로그 ●● ──

그때, 내가 생각을 바꾸지 않았다면

나는 오랫동안 인생이 정해진 운명처럼 주어지는 것이라 믿었습니다.
가난은 숙명이었고, 배움은 남의 일 같았으며, 실패는 내 몫이라 생각하며
그저 "버티는 것"만이 유일한 희망이라고 여겼습니다.

매일 같은 자리를 맴돌며 살던 시절, 저는 변화란 애초에 불가능한 것이라 단정 지었습니다.

하지만 어느 날, 야학에서 무심코 들은 부모님에 대한 말 한마디가 내 가슴 깊은 곳을 날카롭게 찔렀습니다.

그 순간, 내 영혼이 깨어나는 듯한 전율이 온몸을 휘감았습니다.

그제서야 깨달았습니다.
더 이상 운명이라는 이름의 감옥 속에 갇혀 살 수는 없다는 것을.
"비록 지금 내가 서 있는 이 자리는 변함이 없을지라도, '안 돼'라는 절망의 속삭임을 '할 수 있다'는 희망의 외침으로 바꿀 수 있지 않을까?"
이 떨리는 질문 하나가,
내 인생의 운명을 뒤바꾸는 기적의 순간이 되었습니다.

그 질문이 생각을 바꾸었고,
생각의 변화가 인생의 흐름을 완전히 바꾸기 시작했습니다. 마치 얼어붙은 강물이 봄을 맞아 녹기 시작하듯, 내 삶도 서서히 움직이기 시작했습니다.

공부를 시작할 수 없던 10대 시절,
야학에서 칠판을 바라보며 매움을 선택했던 그날,
비로소 나는 '포기하지 않으면 언젠가는 도달할 수 있

다'는 희망을 가슴 깊이 품었습니다. 그 희망은 작았지만, 내 삶의 든든한 기둥이 되었습니다.

누군가는 의심스러운 눈으로 묻습니다.
생각 하나 바꾼다고 인생이 달라질 수 있느냐고.
저는 그 물음에 확신을 담아 조용히 대답하고 싶습니다.
"네, 저는 그렇게 살아왔습니다.
그리고 그것이 가능하다는 것을 몸소 보여왔습니다."

이 책은 화려한 성공담이 아닌,
'생각을 바꾼 사람의 진솔한 인생 실험기'입니다.
무엇보다도, 화장품 브랜드를 통해 세상의 아름다움을 응원하며, 그 과정에서 제 삶과 내면을 새롭게 발견해 간 여정의 기록입니다.

작은 질문, 작은 선택, 작은 실천이 모여
어느덧 '운명'을 바꿀 만큼의 큰 변화가 되었음을
진심을 담아 전하고 싶었습니다.

특히, '마케팅 사고법' 저자 박진영 대표님과의 만남은

'나다운 삶과 브랜드는 어떻게 연결되는가'라는 근본적인 질문을 남겼고,
그 질문은 제 인생의 깊은 전환점이 되었습니다.

이 책을 읽는 모든 분께
시작하는 용기와 희망을 다시 발견하는 소중한 시간이 되길 바랍니다. 지금 이 순간에도 당신의 인생은 새롭게 흐르고 있습니다.

"갈매기 조나단처럼 더 멀리, 더 높이, 비상하라"

"I can do it"

제 1 장

아버지를 잃고
세상에 서다

세상에 서다 1

나의 아버지

나는 다섯 살에 아버지를 잃었습니다. 죽음이라는 개념
조차 제대로 알지 못했습니다. 아버지는 늘 방에 누워
계셨고, 그 곁에서 손과 발을 주물러 드리곤 했습니다.
나는 오래 앉아 있지 못하고 금세 도망치기 일쑤였고,
그러면 아버지는 어떻게 아셨는지 "종현아" 하며 나를
다시 부르셨습니다.

아버지는 젊은 시절 서울 동대문 노점에서 그릇 장사
를 하셨습니다. 고향인 완도 작은 섬, 고금도에서 상경
하여 사업을 시작하셨고, 덕분에 고향 분들이 서울에
오면 일자리, 식사, 잠자리까지 내어주시며 함께 일할
기회를 나눠주셨습니다. 하지만 그로 인해 어머니는 물

질적으로도, 정신적으로도 많은 고생을 하셨습니다.

사람을 좋아하고, 낮에는 장사, 밤에는 친구들과 술잔을 기울이며 삶을 즐기시던 아버지는 결국 결핵에 걸리셨고, 병원 치료를 받았지만 병세가 악화되어 고향으로 내려오셨습니다. 그리고 내가 다섯 살이 되던 해, 5월 어느 봄날, 아버지는 39세의 젊은 나이로 아내와 네 자녀를 남겨두고 세상을 떠나셨습니다.

장례식 날, 나는 꽃상여를 보아도 그것이 무엇인지 몰랐습니다. 가족 친지들과 마을 어르신들이 통곡하는 그 슬픔의 자리에서, 나는 꽃상여에 달린 종이꽃을 가지고 장난을 쳤습니다. 친척들과 마을 어른들은 어린 네 자녀를 둔 어머니의 앞날을 걱정하셨습니다. 어떻게 살아갈 것인지, 그 삶이 너무도 막막해 보였기 때문입니다.

슬픔을 감당하기 어려웠던 어머니는 몇 달 동안 밤낮으로 아버지의 산소를 찾아가 우시곤 했습니다. 그러나 슬픔 속에만 머물 수는 없었습니다. 어머니는 생선과 과일을 팔며 행상을 시작하셨습니다. 새벽에 나가 하루 종일 발바닥이 부르트도록 이 마을 저 마을로 뛰어다니셨습니다.

아버지와 함께했던 서울 생활보다 몇 배는 더 고된 삶이었지만, 우리 네 자녀를 위해 견뎌내셨습니다.

형편은 쉽게 나아지지 않았습니다. 결국, 가족이 흩어질 수밖에 없었고 내가 열 살, 초등학교 4학년이 되던 해 봄날, 큰형은 돈을 벌기 위해 서울로, 둘째 형은 외갓집으로 보내졌습니다. 나는 여동생과 함께 어머니가 재혼하신 새아버지의 집으로 가게 되었습니다.

낯선 환경에서 모든 것이 서툴고 어색했지만, 따뜻한 밥상과 포근한 잠자리가 이전보다 나아져 작은 위안이 되었습니다. 새아버지와는 처음에 서먹했지만, 열한 살이 되던 해에 태어난 연년생 남동생들의 천진난만한 웃음소리가 차가웠던 마음을 따뜻하게 녹여주었습니다. 어머니는 새집에서도 변함없이 새벽부터 늦은 밤까지 일하셨고, 저는 그런 어머니의 헌신적인 모습을 보며 자연스럽게 일을 돕기 시작했습니다.

어린 마음에도 어머니의 선택을 이해하려 노력했습니다. 새아버지의 집은 논과 밭이 많아 늘 일손이 부족했습니다. 나는 어릴 적부터 농사일에 감이 있었던 모양입니다. 어머니는 재혼하신 집에서 노부모님을 모시고 어린 동생들을 키우시며, 밤낮으로 들판과 바다를 오가며 일을 하셨습니다.

그 환경 속에서 나는 무조건 일을 도와야 했습니다. 여름이면 논밭에서 허리를 숙여 김을 매고, 가을이면 벼를 베었고, 겨울이면 거센 바닷바람을 맞으며 배를 타고 김을 매거나, 생선을 잡는 어업선에서 일했습니다. 차가운 겨울 바닷물 속에서도 손을 멈출 수 없었습니다.

내 또래 친구들이 학교에서 공부하고 놀 때, 나는 어른들처럼 일하며 하루를 보냈습니다. 어머니는 힘든 기색을 내비치지 않으셨지만, 밤이 되면 혼자 한숨을 쉬셨습니다. 나는 그런 어머니를 보며 '더 강해져야겠다'고 다짐했습니다.

초등학교 졸업 후 중학교에 진학하지 못하고 하루종일 일만 한다면 과연 나는 어떤 미래를 꿈꿀 수 있을까. 나는 이곳을 벗어나고 싶었습니다. 더 넓은 세상에서 배우고 성장하고 싶었습니다. 그렇게 나는 열다섯 살이 되던 해, 어머니가 손에 쥐어 준 2만 원을 들고 친구 형

을 따라 서울로 향했습니다. 더 나은 삶, 어머니께 효도
할 수 있는 사람이 되기 위해, 새로운 길을 택했습니다.

**'언젠가 어머니를 이 힘든 노동에서 자유롭게 해드리
겠다.' 그 다짐은 내 삶의 원동력이 되었고, 어려운 환
경 속에서도 포기하지 않고 앞으로 나아가는 힘이 되
었습니다.**
그리고 그 과정에서 자연스럽게 생긴 '할 수 있다'는 알
수 없는 강한 의지와 긍정적인 마음가짐이 오늘의 나
를 있게 한 근본적인 힘이 되었습니다.

●•◦ **세상에 서다 2** ◦•●

어머니의 눈물과 헌신

어머니의 삶은 희생과 헌신 그 자체였습니다. 젊은 나이에 남편을 결핵으로 떠나보내고, 어린 네 남매를 홀로 책임져야 했던 어머니에게 삶은 끝없는 고난의 연속이었습니다. 그러나 어머니는 단 한 번도 우리 앞에서 좌절하거나 포기하지 않으셨습니다.

가난과 어려움 속에서도 자식들만은 꼭 지켜내겠다는 신념 하나로 버티셨습니다. 자신은 배고프고 지쳐도 자식들만큼은 배불리 먹이고, 편히 잠들게 하겠다는 것이 어머니의 삶의 목표였습니다. 그 헌신과 희생 덕분에 우리는 절망이 아닌 희망을 품고 자랄 수 있었습니다.

어머니는 하루도 편히 쉴 틈이 없으셨습니다. 농사지을

20

논밭이 없어 이 마을 저 마을 돌며 생선과 과일을 파는 행상을 하셨고, 때로는 먼 친척 집에 며칠을 머물며 장사도 하셨습니다. 바닷가는 어머니에게 또 하나의 일터였습니다. 동네에서 품을 팔며 돈이 되는 일이라면 무엇이든 하셨고, 손에 물 마를 날 없이 일하셨습니다. 자식들이 걱정할까 봐, 힘든 내색조차 하지 않으려 애쓰셨습니다.

하지만 내 기억 속 어머니는 강인한 분이셨습니다. 젊은 시절, 아버지와 함께 서울에서 사업을 하셨던 어머니는 언제나 단정하고 세련된 분이셨습니다. 34살의 나이에 맞이한 사별은 육체의 고단함을 넘어 가슴 깊이 새겨진 상처였을 것입니다. 하지만 그 힘든 시절에도 어머니는 우리에게 따뜻한 사랑을 주셨습니다. 추운 겨울밤, 어머니와 함께 낡은 솜이불 하나를 덮고 누워 서로의 온기를 나누던 그 순간들. 그때가 우리 가족에게는 가장 행복하고 따뜻했던 시간이었습니다.

힘들었던 것은 경제적 어려움만이 아니었습니다. 홀로 자식들을 키우는 여인에게 세상은 냉정하고 잔인했습니다. 편견과 손가락질 속에서도 어머니는 꿋꿋하게 버티셨고, 그 모습은 우리에게도 강한 정신력을 심어 주었습니다. 어떤 상황에서도 흔들리지 않고, 스스로 해결책을 찾아야 한다는 삶의 자세를 몸소 보여주셨습니다.

어머니는 늘 강조하셨습니다.
"너희는 꼭 배워야 한다."
어머니가 우리에게 남긴 가장 강한 가르침이었습니다.

아무리 어려운 형편에도 교육만큼은 포기하지 않으셨습니다. 학용품 하나 제대로 살 수 없는 상황에서도 남들이 쓰던 헌 책을 구해 주셨고, 학교에 갈 돈이 부족하면 허드렛일을 하며 육성회비를 마련하셨습니다.

어머니는 단순히 학교 공부만이 아니라, 삶 그 자체를 가르치셨습니다. 어려운 시기에도 남을 돕는 마음, 형제간의 우애, 남을 원망하기보다 감사하는 태도를 강조하셨습니다. 아무리 힘들어도 남의 신세를 졌다면 꼭 보답해야 한다는 말씀은 평생의 가르침이 되었습니다. 어머니는 자신이 그렇게 살아왔기에, 우리도 그런 사람이 되기를 바라셨습니다. 그 덕분에 우리는 자립심과 책임감을 갖춘 어른으로 성장할 수 있었습니다.

세월이 흐르며, 어머니의 말씀과 삶의 태도가 하나둘씩 마음에 새겨졌습니다. 그분이 보여준 희생과 헌신은 단순한 부모의 역할이 아니었습니다.

그것은 사랑 그 자체였고, 시간이 흘러도 결코 변하지 않을 영원한 유산이었습니다. 어머니가 감당했던 고난이 우리에겐 축복의 통로가 되었음을, 그리고 그 사랑을 더 넓은 세상에 전해야 함을 깨달았습니다.

"생각하는 대로 이루어진다."

어려운 상황 속에서도 긍정적인 생각을 품는다면, 결국 그 길은 열립니다. 어머니의 뜨거운 눈물과 헌신적인 땀방울로 일궈낸 삶이 그 진리를 증명했습니다. 한밤중에도 흐르던 그 눈물과, 새벽부터 늦은 밤까지 이어진 헌신의 시간들이 지금도 내 가슴 깊이 살아 숨 쉽니다. 앞으로도 나는 어머니의 그 눈물과 헌신이 담긴 사랑과 희망을 가슴에 품고, 한 걸음 한 걸음 힘차게 나아갈 것입니다. 그것이 바로 어머니의 한평생 헌신하신 삶에 보답하는 길이라 믿기 때문입니다.

세상에 서다 3

어린 날의 상실,
새로운 시작

내가 10살 때 어머니의 재혼으로 새로운 가족을 만나게 되었습니다. 형제들과 함께했던 따뜻한 유년기를 뒤로하고, 어머니, 새아버지, 새 할아버지 할머니 그리고 여동생과 함께 새로운 삶을 시작하게 되었습니다. 하지만 형제들과의 이별은 내게 깊은 외로움과 상실감을 안겨주었습니다.

낯선 집, 낯선 얼굴들 사이에서 내 마음은 갈 곳을 잃은 듯 방황했습니다. 마을 사람들은 선의로 어머니께 "자식들 홀로 키우지 않고 고생을 사서 하느냐"라며 걱정 어린 말을 건넸고, 때론 "네 아버지 참 좋은 분이었는데"라며 안타까운 한숨을 내쉬었습니다. 어린 나는 그럴 때마다 가슴 한켠이 무너져 내리는 듯했고, 그 말들은 어린 내 마음에 날카로운 가시가 되어 깊이 박혔습니다.

새아버지는 우리를 위해 한결같은 마음으로 애쓰셨지만, 어린 내 마음은 쉽사리 열리지 않았습니다. 돌아가신 아버지의 따뜻했던 목소리가 귓가에 맴돌았고, 함께 자라온 형제들과 헤어진 빈자리는 메울 수 없는 깊은 상처로 남아있었습니다.

그런 나를 다시 일으켜 세운 건 어머니의 한마디였습니다. 어둠 속에서 길을 잃은 듯했던 그 시절, 어머니는 내 눈을 바라보며 이렇게 말씀하셨습니다.

"종현이는 부지런해서 무엇이든 잘할 거야."

그 말은 마치 따스한 봄볕처럼 차갑게 얼어있던 내 마음을 녹여주었습니다. 그리고 나는 스스로 매일같이 되뇌었습니다.
"공부 머리는 부족할지 몰라도, 일머리만큼은 누구보다 뛰어나다."

어쩌면 허황된 자신감이었을지 모르지만, 그 한마디는 절망 속에서도 희망을 발견하게 해준 마법 같은 주문이 되었습니다.

학교에서 배우는 공부보다, 나는 일을 통해 삶을 배웠습니다. 새아버지와 함께 논밭에서 흙을 만지고, 바다에서 고된 노동을 하며 보낸 5년은 어쩌면 내 인생에서 가장 값진 시간이었습니다.

마을 어르신들과 함께 일하며 삶의 지혜를 배웠습니다. 새벽부터 밤늦게까지 묵묵히 일하시면서도 서로를 격려하고 돕는 모습, 젊은이들을 따뜻하게 이끌어주시는 모습이 깊은 감동을 주었습니다. 그분들의 성실함과 책임감, 그리고 따뜻한 인간미는 어린 제 가슴속 깊이 새겨졌고, 저도 그분들처럼 존경받는 어른이 되고 싶다는 첫 꿈을 품게 되었습니다.

힘든 현실에 지친 어머니가 우리와 함께 극단적인 선택을 했던 날이 있었습니다. 나는 여동생과 함께 울며 "엄마, 그러지 마. 우리 힘내서 살아가자"라며 어머니를 붙잡았습니다. 그 순간, 어머니는 다시 마음을 다잡으셨고, 그날 이후 나는 더욱 강한 마음으로 살아야 할 결심을 했습니다.

어머니의 눈물 속에 담긴 고통과 절망을 보며, 나는 우리 가족을 지키는 든든한 기둥이 되어야겠다고 다짐했습니다. 어린 나이였지만, 그날의 경험은 내게 삶의 무게와 책임감을 깊이 새겨주었고, 어떤 어려움 앞에서도 포기하지 않는 강인한 정신력의 씨앗이 되었습니다.

감정 표현이 서툴렀던 나는 조용한 곳에서 노래를 부르며 마음을 달랬습니다. 특히 송창식의 '피리부는 사나이'를 즐겨 불렀는데, "모진 비바람이 불어도 거센 눈보라가 닥쳐도 은빛 피리 하나 불고서 언제나 웃고 다닌다"라는 가사에서 큰 위로를 받았습니다.

그 가사처럼 어떤 상황에서도 희망을 잃지 않겠다고 다짐했습니다. 노래는 제게 든든한 친구가 되어주었고, 제게 유일한 희망이자 위안이었습니다. 한때는 가수의 꿈도 꾸었을 정도였습니다. 지금 돌아보면, 그 시절 노래가 없었다면 오늘의 제가 있기 힘들었을 것입니다.

어머니의 재혼으로 생긴 연년생 두 동생은 내게 새로운 희망이 되었습니다. 큰형과 둘째 형과 헤어진 아픔이 컸지만, 천진난만하게 웃는 어린 동생들을 보며 '형'이라는 새로운 책임감을 느꼈습니다.

형제들과의 이별로 생긴 마음의 상처는 오히려 가족의 소중함을 더 깊이 깨닫게 해주었고, 이제는 내가 동생들을 지키고 보살펴야 한다는 사명감을 갖게 해 주었습니다. 그렇게 외로움 속에서 스스로 단련하며, 무엇이든 할 수 있다는 자존감과 자신감이 자라났습니다.

어린 시절의 힘든 경험들은 제게 귀중한 가르침이 되어주었습니다.
"타인의 아픔을 공감할 줄 아는 따뜻한 마음"
"어떤 환경에서도 쉽게 무너지지 않는 강한 정신"
이 두 가지는 지금도 제 삶의 중심이 되어 앞으로 나아갈 방향을 알려주는 나침반이 되고 있습니다.

세상에 서다 4

논밭과 바다는
나를 키운 스승

어린 시절, 농사일은 선택이 아닌 생존을 위한 필수였
다. 논과 밭을 오가며 농사를 짓고, 거친 바다를 헤치며
고기를 잡는 일상이 나의 삶이었다.

농사와 바닷일에 뛰어들어 몸으로 배운 삶은 나를 단단
하게 만들었고, 세상을 이해하는 눈을 키워주었습니다.

몸은 고되고 손에는 굳은살이 박였지만, 일하는 법을
배우며 세상의 냉혹함을 익혔고, 이를 통해 나 자신을
단련하며 책임감과 끈기를 배웠습니다. 노동은 나를 흔
들리지 않게 만들어 주었고, 인생의 거친 파도를 헤쳐
나갈 힘을 길러주었습니다. '일'이란 단순한 노동이 아
니라, 나를 만들어가는 과정이었습니다.

학교가 끝나면 숙제보다 농사일이 우선이었습니다. 다른 친구들은 단순히 부모님의 일손을 도왔지만, 나는 논밭에서 경운기를 몰고, 논에서 노타리 작업을 하며 어른들의 역할을 대신했습니다. 어머니는 온종일 밭에서 일하며 가족을 부양해야 했고, 나 역시 어린 나이에 노동의 손길을 보태야 했습니다.

여름철 뙤약볕 아래에서의 농사일은 고역이었습니다. 땀이 비 오듯 쏟아져 눈을 뜨기 어려울 정도였고, 갈증은 늘 나를 괴롭혔습니다. 논 한가운데서 멍하니 쉬는 순간에도, 하늘을 떠다니는 구름을 보며 친구들과 뛰놀고 싶다는 생각이 스쳐 지나갔지만, 현실은 달랐습니다. 나에게 주어진 역할을 해야만 했고, 그 책임감이 나를 지탱하는 힘이 되었습니다.

가을이 되면 추수철이 다가왔고, 벼를 베고 곡식을 말리는 일이 이어졌습니다. 작은 손으로 낫을 들고 벼를 베고, 어렵게 배운 경운기로 운반하며 어른들의 일을 대신했습니다. 손이 터져 피가 나도 아프다는 말을 할 수 없었습니다. 일을 끝내야 가족들이 저녁을 먹을 수 있었기 때문입니다.

겨울이 되면 섬에서는 김 양식을 위해 바닷일을 해야
했습니다. 완도는 겨울철 바다 농사라 불리는 김 양식
이 큰 수입원이었기에, 어머니와 새아버지와 함께 가까
운 바다에 배를 타고 김 양식 채취를 하며 거센 파도와
싸워야 했습니다. 바다는 늘 거칠었고, 한순간도 마음
을 놓을 수 없는 곳이었습니다.

손바닥엔 굳은살이 박히고, 바닷바람에 시달린 피부는
트고 갈라졌지만, 나는 그저 묵묵히 일할 수밖에 없었
습니다.

'환경을 바꾸는 것은 자신의 생각을 바꾸는 것만큼 중
요하다'는 나폴레옹 힐의 말처럼, 비록 그때의 환경은
내 의지로 선택한 것이 아니었지만, 그 고된 시간들은
오히려 내 삶의 근간이 되어주었습니다. 차가운 바닷
바람과 뜨거운 태양 아래에서의 노동은 내 영혼을 단
련시켰고, 내 인생의 밑거름이 되었습니다. 돌이켜보면
그때의 고난은 축복이었고, 그 시절의 아픔은 내 삶의
방향을 결정지은 소중한 나침반이 되었습니다.

어느 날, 새아버지께서는 7일간의 농어잡이를 위해 먼
바다로 나가는 기회를 주셨습니다. 바다는 예측할 수

없는 곳입니다. 갑작스러운 악천후와 배 엔진의 고장으로 위기 상황도 있었지만, 침착하게 경운기 엔진을 다룬 경험으로 배를 고쳐 무사히 돌아올 수 있었습니다. 그 경험은 나에게 큰 성취감과 안도감을 주었고, 이후 동네에서는 '일 잘하는 소년'으로 칭찬을 받았습니다.

어린 나이에 시작한 노동은 나에게 단순한 생계 수단이 아니었습니다. 그것은 삶의 혹독한 훈련이자 나를 다져가는 과정이었습니다. 결국, 어려움을 이겨내는 과정이 나를 성장시켰습니다.

살아가면서 크고 작은 도전에 부딪힐 때마다 나는 그 시절을 떠올립니다. 그리고 다시 한번 굳게 다짐합니다. '일'은 단순한 노동이 아닌, 나를 성장시키고 단련시킨 가장 위대한 스승이었습니다.

그리고 앞으로도 '일'은 내 삶의 나침반이자, **나를 더 큰 사람으로 만들어 줄 가장 강력한 원동력이 될 것입니다.** 이것이 바로 논밭과 바다가 내게 가르쳐준 가장 소중한 진리입니다.

세상에 서다 5

열다섯, 서울로 상경

새벽부터 밤늦게까지 이어지는 고된 농사일과 바다일은 내 몸과 마음을 단련시켰지만, 그것만으로는 내가 꿈꾸는 미래를 이룰 수 없다는 사실을 깨닫는 데는 오랜 시간이 걸리지 않았습니다. 매일같이 반복되는 육체노동 속에서 더 나은 삶에 대한 갈망은 커져만 갔습니다.

내 안에는 더 넓은 세상에 대한 갈망과 배움에 대한 목마름이 커져갔습니다. 결국 열다섯 살에 나는 어머니가 챙겨주신 2만 원을 들고 친구 형과 함께 섬을 떠나 서울로 향했습니다. 그것은 두렵고 불안한 선택이었지만, 동시에 내 인생을 바꿀 수 있는 유일한 기회였습니다.

새아버지 모르게 어머니와 눈물 어린 작별 인사를 나누고, 완도 터미널을 거쳐 함평으로 향했습니다. 그곳에 있는 친구 어머니의 가게에서 며칠간 따뜻한 보살핌을 받은 후, 설레는 마음으로 서울행 고속버스에 올랐습니다. 창밖으로 펼쳐지는 아름다운 풍경을 바라보며, '내가 서울에서 과연 살아남을 수 있을까?' 하는 새로운 삶에 대한 기대와 두려움이 교차했습니다.

서울행 버스에서 내린 후, 나는 더 이상 섬으로 돌아갈 수 없다는 현실을 받아들였습니다. 이제는 스스로의 힘으로 살아가야 했습니다. 생계를 위해 돈을 벌어야 했고, 동시에 더 나은 미래를 위한 배움의 끈도 놓칠 수 없었습니다. 그렇게 낮에는 일하고 밤에는 공부하는 주경야독의 삶이 시작됐습니다.

서울에 도착한 첫날, 동행했던 친구 형의 태권도 도장에서 며칠을 보냈습니다. 어머니께서 알려주신 둘째 형의 일터를 찾아갔습니다. 종로 5가에서 한참을 걸어 찾아간 체육사에서 둘째 형이 반가운 얼굴로 맞아주었고, 그렇게 서울에서의 생활이 시작되었습니다.

둘째 형의 도움으로 모자 공장에서 일을 시작했고, 이후 큰형의 권유로 동대문에 있는 교회 야학에 다니기 시작했습니다. 아르바이트를 마친 뒤 허겁지겁 야학으로 달려가던 그 밤, 동대문 거리의 희미한 가로등 불빛이 아직도 기억에 남습니다.

중학교 검정고시를 준비하며 함께 공부하던 친구들은 저마다 사연을 지니고 있었고, 우리는 서로에게 희망이 되어주었습니다. 그 당시 배움은 선택이 아닌, 살아남기 위한 필수 조건이었습니다.

"배우지 않으면 이 삶에서 벗어날 수 없다."

처음 몇 개월은 큰형의 근무지 집에서 지냈습니다. 하지만 오래 신세를 질 수는 없어 서울 중계동에 계신 고모님 댁으로 거처를 옮기게 되었습니다. 고모님 댁에는 이미 1남 5녀의 자녀가 있었지만, 존경하는 고모부께서는 기꺼이 저를 받아주셨습니다. 덕분에 저는 낮에는 동대문 근처에서 아르바이트를 하고, 밤에는 야학에서 공부를 이어나갈 수 있었습니다.

고모님 댁에서 지내며 여러 아르바이트를 전전했습니다. 식당 아르바이트를 하던 중 무거운 국그릇을 들고 가다 손님의 옷에 국을 쏟아버린 일이 있었습니다. 사장님의 거친 호통 속에 하루치 일당도 받지 못한 채 쫓겨났지만, 섬에서의 고된 노동으로 단련된 정신력으로 "오늘보다 나은 내일"을 위해 이를 악물고 견뎠습니다.

"I can do it"

야학에서 영어를 배우던 중, 나는 이 단순하지만 강력한 문장을 만났을 때 가슴이 뛰었습니다. 세 단어로 이루어진 짧은 문장이었지만, 그 안에 담긴 의미는 내게 무한한 가능성을 보여주었습니다. 이 문장은 단순한 영어 문장을 넘어 내 인생의 좌우명이 되었고, 힘들어 포기하고 싶을 때마다, 또 현실의 벽에 부딪혀 절망할 때마다 나를 다시 일으켜 세우는 힘이 되었습니다.

어느 날 큰형이 야학에 찾아와 당시로서는 귀한 물건이었던 마이마이 카세트 플레이어를 선물해주셨습니다. 그 작은 기계에서 흘러나오는 조용필의 노래들은 고된 하루를 마치고 돌아온 저에게 큰 위안이 되었습

니다. 특히 '돌아와요 부산항에'를 들을 때면 고향 섬마
을과 어머니가 떠올라 눈시울이 붉어지곤 했습니다.

야학에서 나의 인생 멘토인 김○영 선생님을 만났습니
다. 선생님은 나를 친동생처럼 각별히 아껴주시고 보살
펴 주셨습니다. 힘든 현실 속에서도 꿈을 잃지 말라고,
더 넓은 세상을 향해 도전하라고 늘 격려해주셨습니다.
특히 선생님께서 정성스레 써주신 편지와 시가 적힌 카
드의 구절들은 지금도 제 마음속에 생생하게 살아있으
며, 그 따뜻한 말씀들은 인생의 어둡고 힘든 순간마다
저를 일으켜 세우는 든든한 지침이 되었습니다.

"갈매기 조나단처럼 더 멀리, 더 높이, 비상하라"

1981년 야학시절, 선생님께서 건네주신 유치환 시인
의 시 '바위'가 적힌 엽서와 자존감을 북돋아 주신 편
지는 지금도 코팅해서 보물처럼 간직하고 있습니다.
내가 책을 쓰기로 결심한 이유 중 하나는 이 책을 통해
꼭 김○영 선생님을 찾고 싶은 간절한 마음이 있기 때
문입니다.

남궁황 야학 교장 선생님께서는 우리 삼형제의 결혼식
에서 모두 주례를 맡아주셨습니다. 그렇게 이어진 야학
시절의 소중한 인연은 2024년, 선생님께서 하늘나라로
가시는 마지막 길을 함께하는 순간까지 이어졌습니다.

서울의 밤은 길고 험난했습니다. 일당도 제대로 받지
못한 채 빈속을 움켜쥐고 지하상가를 헤매던 순간들도
있었습니다. 하지만 야학에서 국어, 영어, 수학을 배우
고 역사를 익히는 시간은 나를 조금씩 단단하게 만들
었습니다. 책장을 넘기며 새로운 세상을 발견하는 기쁨
은 현실의 고단함을 잊게 해주었고, 배움의 즐거움은
나를 한 걸음 더 성장시켰습니다.

야학 김○영 선생님이 주신 "갈매기 조나단"의 정신은
내 영혼의 날개가 되어주었고, 큰형이 선물해 준 마이
마이 카세트 플레이어에서 흘러나오는 음악은 지친 하
루의 위안이 되었습니다. 그리고 나를 친아들처럼 따
뜻하게 품어주신 고모님 가족의 한결같은 사랑은 내가
꿈을 향해 한 걸음 더 나아갈 수 있는 든든한 버팀목이
되어주었습니다. 이 모든 따뜻한 마음들이 모여 나는
절대 포기하지 않을 수 있었습니다.

내가 지금 이 자리에 서기까지 그 모든 순간은 나를 단련시킨 값진 시간이었습니다. 힘들었던 만큼 더 강해졌고, 아팠던 만큼 더 성숙해졌습니다. 나는 여전히 가슴 속에 "I can do it"을 새기며 살아갑니다. 그리고 환갑이 된 이 나이에도 여전히 새로운 도전을 두려워하지 않고, 꿈꾸기를 멈추지 않는 것, 그것이 바로 내가 찾은 삶의 진정한 의미입니다.

세상에 서다 6

웃음은 최고의 긍정이다

집은 가난했지만 나는 긍정적으로 생각하는 아이였습니다. 소풍이나 운동회 때면 도시락을 챙기지 못할 때가 많았습니다. 하지만 그럴 때마다 저는 장기자랑을 하고 운동회에서 1·2·3등 상을 받아 친구들이 부러워하는 선물을 얻어서 그 선물들로 친구들의 도시락과 음료수, 과자를 나눠 먹으며 오히려 더 즐거운 시간을 보낼 수 있었습니다. 도시락이 없었던 것이 제게는 오히려 기회가 되었던 셈이었습니다.

초등학교 6학년 때, 도시에서 부임하신 이충식 선생님께서 제가 풍금 소리에 맞춰 콧노래를 부르는 것을 보시고는 함께 노래를 부르자고 하셨습니다.

"종현이는 꿈이 뭐니?" 선생님께서 물으셨고,
나는 망설임 없이 "가수요!"라고 대답했습니다.

논밭에서 일하며 노래를 부르던 나를 보고 어머니는 "뭐가 좋아서 그렇게 중얼거리며 노래하느냐"고 물으셨습니다. 힘들어서 부르는 노래였지만, 그 노래가 오히려 저를 위로해주었습니다.
"행복해서 웃는 것이 아니라, 웃어서 행복해진다"라는 말처럼, 힘든 순간마다 부르는 노래는 제게 큰 위안이 되었습니다.

가난한 현실 속에서 희망을 잃을 뻔한 순간들이 많았습니다. 하지만 그럴 때마다 나를 일으켜 세워준 것은 어머니의 지혜로운 말씀이었습니다.

"어려울수록 형제간에 의지하고 우애를 지키며 살아라."

큰형은 초등학교를 마치자마자 홀로 서울로 올라가셨습니다. 낯선 도시에서 고된 노동을 하면서도, 한 푼 두 푼 모은 돈으로 나와 둘째 형, 여동생의 학비를 책임져 주셨습니다. 그 시절 큰형의 굳은살 박인 손과 지친 눈빛은 지금도 잊을 수 없습니다. 우리에게 큰형은 단순한 후원자가 아닌, 든든한 버팀목이자 따뜻한 아버지 같은 존재였습니다.

나는 큰형의 성실함과 어머니의 따뜻한 사랑을 본받으며 자랐습니다. 비록 물질적으로는 궁핍했지만, 마음속에는 '긍정'이라는 등불이 꺼지지 않고 빛나고 있었습니다. 그 긍정의 힘이 나를 일으켜 세웠고, 어떤 위기에도 "괜찮아, 잘될 거야"라는 흔들림 없는 믿음으로 앞으로 나아갈 수 있었습니다. 그 믿음은 단순한 위안이 아닌, 실제로 내 삶을 변화시켰습니다.

서울로 떠나던 전날 밤,
작은 방 안, 불 꺼진 어둠 속에서 어머니와 나는 말 없이 눈물을 흘렸습니다.
나는 떨리는 목소리로 여쭈었습니다.

"제가 없으면 어머니는 어떻게 일하실 거예요?"
잠시 침묵 끝에, 어머니는 조용히 말씀하셨습니다.
"우리 아들 고생 많이 했다"하시며 저를 꼭 안아주셨습니다.

"엄마 걱정 없이 서울 가서 형들하고 잘 살아라."

어머니의 눈가에 맺힌 눈물은 평생 내 마음에 남았습니다. 하지만 나는 다짐했습니다. '서울에서도 잘할 수 있어. 나 이종현은 해낼 수 있어.'

서울에서의 생활은 쉽지 않았습니다. 어렵게 야학을 졸업하고 중학교 검정고시에는 떨어졌습니다. 좌절하지 않고 검정고시 학원에 다니기 시작했습니다. 그곳에서 새로운 기회를 만났습니다. 학원에서 만난 공부 잘하는 형이 새벽 아파트 세차 일을 한다는 것을 알게 되었고, 저도 함께 일하게 되었습니다.

동작동 국립묘지 근처 아파트 단지에서 새벽 6시부터 시작된 세차 일은 제 인생의 전환점이 되었습니다. 새벽 공기를 가르며 시작한 세차, 낮 아르바이트, 그리고 별빛 아래 학원 수업까지. 좁은 형광등 불빛 아래 독서실에서 저는 희망을 키웠습니다. 지친 순간마다 작은 콧노래로 스스로 위로하며 버텨냈던 그 시절은, 단순한 시간이 아닌 제 영혼을 단련시킨 소중한 성장의 순간이었습니다. 그곳은 제게 긍정의 씨앗을 심고 인내의

꽃을 피워낸 삶의 훈련장이었습니다.

검정고시를 마친 뒤, 나는 닥치는 대로 일을 하면서 사업의 꿈을 키웠습니다. 현실의 벽은 높고 단단했지만, 포기하지 않았습니다. 지금도 회사 제품의 매출이 기대에 미치지 못하거나 거래처와의 협상이 잘 진행되지 않을 때면 좌절감이 밀려옵니다. 그럴 때마다 나는 흔들리는 마음을 다잡으며 스스로 말합니다.

"괜찮아, 곧 기회가 올 거야."

긍정은 나의 가장 큰 자산이었습니다. 돌아보면, 물질적으로는 가진 것이 적었지만 나는 늘 사람을 소중히 여기고 신뢰를 지키기 위해 노력했습니다. 일에 지친 몸으로도 수업에 늦지 않으려 했고, 힘든 순간에도 희망을 잃지 않았습니다. "그래도 잘 될 거야." 지금도 누군가 힘든 상황을 이야기하면 나는 말합니다.

"긍정이 답입니다."

세상이 아무리 냉혹해도 마음속에 웃음이라는 불을 하

나 켜 두면, 그 어떤 고난도 이겨낼 수 있습니다. 웃음은 우리를 행복으로 인도하는 등대가 되어 어둠 속에서도 앞으로 나아갈 용기를 줍니다. 웃음은 긍정의 표현이며, 그 긍정의 힘이 우리의 삶을 밝히는 기적이 된다고 나는 확신합니다. 행복해서 웃는 것이 아니라, 웃어서 행복해지는 것처럼, 긍정의 웃음이 우리 삶의 가장 큰 힘이 됩니다.

"긍정의 힘과 배움의 열정은 내 인생을
높이 날게 해 준 두 개의 날개였다."

제 2 장

배움과
도전의 시간

배움과 도전 1

야학에서 배움을
시작하다

상경 후, 큰형의 권유로 공부를 시작하게 되었습니다.
작은 형이 소개해준 모자 공장을 그만두고 동대문 교회
의 야학에 입학했습니다.

가난으로 인해 정규 교육을 받지 못했던 나에게 '검정
고시'는 생소한 단어였습니다. 하지만 더 나은 삶을 위
해서는 배움이 필요하다는 것을 알고 야학의 문을 두드
리게 되었습니다. 야학은 가난한 청소년들이 모여 꿈을
키워가는 소박한 배움터였습니다. 어둡고 열악한 환경
이었지만, 그곳은 우리 모두에게 희망의 등불이 되었습
니다.

"가난할수록 어려운 사람들에게 베푸는 것이 더 큰 성공의 씨앗이 된다.
어디를 가든 빈손으로 가지 말고, 무엇이든 배워서 사람들에게 나누어라."

야학 교장 선생님이 해주신 이 말씀은 내 삶의 지침이 되었습니다. 피곤에 지친 눈으로 칠판의 글씨가 흐릿하게 보일 때도 있었고, 때론 졸음과 싸우며 수업을 들어야 했지만, 배움에 대한 열망이 나를 지탱해주었습니다.

초등학교 시절부터 공부는 내게 가장 어려운 과제였습니다. 하지만 이제는 배움 없이는 내가 꿈꾸는 더 나은 삶을 실현할 수 없다는 것을 깨달았습니다. 그래서 야학은 내게 어두운 터널 끝에 비치는 한 줄기 희망의 빛과도 같았습니다.

야학에는 나처럼 가난하고 힘든 처지의 친구들뿐만 아니라, 어린 시절 학교를 못 다니신 어른분들도 계셨습니다. 그들 모두의 눈빛은 배움에 대한 열정으로 반짝였습니다. 모두가 배움에 목말라 있었고, '우리도 반드시 할 수 있다'는 강한 의지와 희망으로 가득했습니다.

밤늦게까지 공부를 마치고 집으로 돌아가는 길, 종종 주머니 속 남은 동전 몇 개를 털어 차비로 허기를 때우고 집까지 걸어가는 일도 있었습니다. "반드시 중학교, 고등학교 검정고시를 통과하여 새로운 삶을 시작하자." 이런 간절한 꿈을 가슴에 품고 하루하루를 살았습니다.

겨울이면 교실 안에서도 입김이 하얗게 피어올랐고, 여름이면 낡은 선풍기 몇 대로 땀을 닦아가며 공부했습니다. 그러나 그곳은 내게 따뜻한 희망의 쉼터였습니다. 선생님들은 본인도 대학을 다니거나 현직 교사로 일하면서도 매일 저녁 우리를 열정적으로 가르쳐 주셨습니다. 그리고 늘 진심을 담아 당부하셨습니다.

"포기하지 않으면 반드시 꿈은 이루어진다"

그 따뜻한 손길과 진심 어린 응원 덕분에 나는 수많은 어려움과 좌절 속에서도 한 걸음 한 걸음 포기하지 않고 도전을 이어갈 수 있었습니다. 매일 밤 늦게까지 우리를 가르치시며 격려해 주시던 그때의 선생님들은 내게 형님 누나와 다름없는 부모님 같았고, 그분들의 헌신적인 모습은 지금도 내 가슴 속에 깊이 새겨져 있습니다.

중학교 검정고시를 준비하면서 가장 어려웠던 과목은 수학이었습니다. 기본 개념조차 모르던 나를 위해 야학 선생님께서는 끝까지 포기하지 말라고 격려해 주셨고, 개인 과외 지도까지 해주셨습니다. 나는 선생님의 말씀을 믿고 하루에도 수십 번씩 문제를 풀고 틀리기를 반복하며 공부했습니다.

"배움은 힘들어도 결국 널 자유롭게 해줄 거야."

첫 번째 중학교 검정고시에서는 아쉽게도 합격하지 못했습니다. 하지만 야학에서 보낸 시간은 단순히 시험 준비를 위한 것이 아닌, 내 인생의 전환점이 되었습니다. 그곳에서 나는 '불가능은 없다'는 강한 믿음과 함께, '어떤 환경에서도 배움의 기회는 존재한다'는 소중한 깨달음을 얻었습니다.

야학은 내 인생의 첫 배움터이자, 앞으로 나아갈 방향을 제시해준 등대와도 같았습니다. 그때 싹튼 배움에 대한 열정은 지금까지도 '반드시 해낼 수 있다'는 굳건한 신념이 되어 내 삶의 원동력이 되었습니다.

"긍정의 힘과 배움의 열정은 내 인생을 높이 날게 해준 두 개의 날개였다."

고등학교 검정고시에 합격한 후, 대학 입시를 준비했지만 두 번의 도전에도 실패했습니다. 좌절감이 컸지만, 그때 받은 병역 소집 통보는 오히려 새로운 전환점이 되었습니다. 초등학교 졸업 학력으로 신체검사를 받아 단기사병인 방위병으로 입대하게 되었습니다.

훈련소를 마치고 육사로 배치를 받았습니다. 대형버스를 타고 도착한 곳은 태릉의 육군사관학교였습니다. 첫 임무는 화랑 연병장의 잔디밭에서 잡초를 뽑는 일이었는데, 이것이 제 군 생활의 시작이었습니다.

육사 원예과에 배치되어 나무와 꽃, 잔디를 관리하는 임무를 맡게 되었습니다. 어린 시절 농사일을 도왔던 경험이 도움이 되었지만, 종일 뜨거운 햇볕 아래서 일하는 것은 쉽지 않았습니다. 모자 하나에 의지한 채 작업하다 보니 피부는 점점 거뭇해졌고, 땀과 먼지로 범벅이 된 얼굴은 거울 속에서 낯설게 변해갔습니다.

대부분의 단기 군인들이 오후 5시면 일과를 마치지만, 저는 입시 공부를 위해 조기 퇴근을 간절히 원했습니다. 처음에는 선임도, 하사관도 모두 거절했지만 포기하지 않고 끈질기게 요청했습니다. 야학에서 배운 '포기하지 않는 정신'이 이때도 큰 힘이 되었습니다.

기적 같은 순간은 새로 부임한 중대장님과의 만남에서 찾아왔습니다. 잔디깎는 기계를 수리하던 중 우연히 마주친 그분은 놀랍게도 저와 같은 이름 이종현 대위였습니다. "힘든 건 없냐"는 그분의 따뜻한 물음에, 저는 용기를 내어 학원 통학을 위한 조기 퇴근을 건의했습니다.

다음 날, 중대장님은 간부회의에서 "젊은 시절의 배움이 얼마나 중요한지"를 강조하시며 저에게 특별 출입증을 발급해 주셨습니다. 이 순간은 지금도 제 인생에서 가장 감사한 기억으로 남아있습니다.

매일 저녁 스포츠 머리에 햇볕에 그을린 얼굴로 학원을 다니던 그 시절, 어린 시절 바닷가에서 일할 때처럼 자외선에 피부가 거칠어지고 메말라갔습니다. 이런 경험들이 훗날 화장품 사업을 하면서 피부 보호의 중요성을 깊이 이해하고 착한 성분의 순수 자연유래 선크림을 개발하는 밑거름이 되었습니다.

전역 후에는 '훗날 어머니를 편하게 모시겠다'는 약속을 지키기 위해 사업가의 꿈을 안고 방송통신대 경영학과에 입학했습니다. 그곳에서 만난 동문의 소개로 천직이 된 화장품 사업을 시작하게 되었고, 35년간 이어온 이 길이 우연이 아닌 필연이었음을 이제는 깊이 느낍니다.

되돌아보면, 가난했던 시골 생활과 야학에서 배운 '절대 포기하지 않는 정신'이 있었기에 수많은 실패 속에서도 다시 일어설 수 있었습니다. 배움은 제게 단순한 지식이 아닌, 삶의 어려움을 이겨내는 강인한 정신과 끝없는 도전 정신을 선물해 주었습니다.

●◦● 배움과 도전 2 ●◦●

아파트 세차에서
배운 관계의 힘

20대 초반, 나는 몸을 혹사하며 일했습니다. 하루가 끝
나고 지친 발걸음으로 집에 돌아오면 밤 11시가 훌쩍
넘는 날이 대부분이었고, 아침이면 어둠이 채 가시지
않은 새벽 4시 30분에 눈을 떴습니다. 온몸이 천근만근
이었지만, 꿈을 향한 열정만은 식을 줄 몰랐습니다.

늘 잠이 부족했지만, 그 시절은 고난이 아닌 축복의 시
간이었습니다. 그 시간을 떠올릴 때 가장 먼저 생각나는
것은 88올림픽 선수촌 아파트에서 시작한 제 인생 첫
'아파트 세차 사업'입니다. 이는 단순한 아르바이트가
아닌 사업권을 얻어 시작했고, 서울과 경기 지역의 수많
은 신축 아파트 단지를 돌며 열심히 세차를 했습니다.

아침 해가 뜨기도 전, 어둠이 채 가시지 않은 새벽부터 지하 주차장과 지상 주차장에 있는 차량들을 하나하나 정성스레 닦았습니다. 겨울엔 영하의 날씨에 찬물로 세차를 하다 보면 손가락이 얼어붙어 감각을 잃을 정도였고, 여름에는 뜨거운 태양 아래에서 비 오듯 쏟아지는 땀을 닦을 겨를도 없이 일해야 했습니다. 하지만 아무리 힘들어도 스스로를 다독이며 한 걸음 한 걸음 나아갔습니다.

"이 자리에서도 분명 내가 배울 게 있다. 이 또한 내 인생의 소중한 경험이 될 것이다."

누군가 "당신은 무슨 일을 하시나요?"라고 물으면 나는 빙그레 웃으며 "아침에 해를 띄우는 일을 합니다"라고 농담을 건넸습니다. 그만큼 힘든 줄도 모르고 일이 즐거웠고, 매 순간이 새로운 희망과 도전으로 가득했습니다.

세차는 단순한 노동이 아니었습니다. 고객과의 만남은 저에게 소중한 배움의 시간이었습니다. 매일 아침 출근

길 고객을 마주할 때마다 90도로 깊이 인사를 드렸고, 그런 정성과 예의가 쌓이면서 인사는 자연스럽게 제 몸에 배었습니다. 그 진심이 전해졌는지, 몇몇 고객분들은 명절마다 양말과 장갑을 챙겨주시며 격려해주셨습니다. 그분들의 따뜻한 관심은 제게 큰 힘이 되었습니다.

지금도 저는 와신상담의 마음으로, 누구를 만나든 바른 자세로 90도 인사를 잊지 않습니다. 그리고 늘 다짐합니다. '나도 언젠가 저 어른들처럼, 힘든 이들에게 따뜻한 한마디를 건네며 힘이 되어주는 사람이 되어야겠다.'

세차 사업을 운영하던 중, 한 입주민의 제안으로 새로운 기회가 찾아왔습니다. "젊은 친구가 이렇게 성실한 걸 보니, 네트워크 마케팅에서도 충분히 성공할 수 있을 것 같아요. 한번 도전해보지 않겠어요?"

처음에는 정중히 거절했지만, 사업가가 되는 것이 오랜 꿈이었던 나는 매일 아침 따뜻한 차를 건네며 사업의 비전을 설명해주시고 내 잠재력을 진심으로 믿어주시는 그분의 설득을 받아들였습니다. '사업'이라는 단어는 두렵고 낯설었지만, 나는 기꺼이 새로운 도전을 시작했습니다.

내가 선택한 네트워크 사업은 '암○○' 회사였습니다. 이 회사는 단순히 제품을 판매하는 것을 넘어, 사람과 사람을 연결하며 함께 성장하는 시스템을 갖추고 있었습니다. "열심히 일한 만큼 정직한 수입을 얻을 수 있다"는 비전에 이끌려 새로운 도전을 시작했습니다.

결국 네트워크 사업은 한계에 부딪혀 접게 되었지만, 내게는 잊을 수 없는 소중한 경험으로 남았습니다. 암웨이를 시작하던 당시, 아내의 많은 도움과 변함없는 믿음, 응원 덕분에 1992년 한국 '암○○' 회사 행사에서 100명의 선정 참가자 중 한 명으로 사업자로 뽑혀, 아내와 함께 남대문 힐튼 호텔 행사 무대에 오를 수 있었습니다.

늘 도전하는 남편을 묵묵히 응원하고 도와준 아내에게 조금이나마 보답이 된 것 같아 마음의 위안이 되었지만, 동시에 두 가지 사업을 병행하는 것은 큰 무리였습니다. 결국 네트워크 사업은 내려놓게 되었지만, 그 과정을 통해 나는 더 이상 예전의 내가 아니었습니다. 한 단계 더 성장한 나를 만날 수 있었던 값진 시간이었습니다.

매일 세차를 마치고 지친 몸을 이끌고 사업설명회장으로 향했습니다. 매주 열리는 성공자들의 강연에서는 "이 사업이 내 인생의 터닝포인트가 되었다"는 생생한 증언들이 이어졌고, 그들의 진정성 있는 이야기는 내 가슴을 뛰게 했습니다. 하지만 현실의 벽은 높았습니다. 많은 사람들이 네트워크 마케팅을 피라미드 판매라고 경계했고, 거절의 순간들은 내 의지를 시험했습니다.

그러나 나는 쉽게 물러서지 않았습니다. 세차 사업을 통해 단련된 '성실함'이라는 무기가 있었기에, "시작한 일은 끝까지 해내자"는 각오로 한 걸음씩 나아갔습니다. 매일 새로운 사람들을 만나고, 설명회를 준비하며 사업가로서의 기본기를 쌓아갔습니다. 이 과정에서 나는 귀중한 깨달음을 얻었습니다.

"사업의 기본은 성실이며, 결국 사람과의 관계에서 성공이 시작된다."

세차가 단순한 육체노동이었다면, 네트워크 마케팅은 '사람의 마음을 읽는 일'이었습니다. 상대방이 진정으로 원하는 것이 무엇인지 깊이 이해하고, 그들의 이야기에 진심으로 귀 기울이며 신뢰를 쌓아가는 것이 핵심이었습니다. 매일같이 새로운 사람들을 만나며 고객 응대 방법, 효과적인 세일즈 기술, 원활한 커뮤니케이션 능력을 하나씩 체득해갔습니다.

그 후, 오랫동안 신뢰를 쌓아온 친구의 소개로 화장품 방문판매와 대리점 사업의 새로운 장을 열게 되었습니다. 이후 온라인 유통 시장으로 진출했을 때도, 네트워크 사업에서 배운 '고객의 마음을 읽는 세일즈 마인드'와 '진심 어린 관계 중심의 사고방식'은 제게 무엇과도 바꿀 수 없는 소중한 자산이 되었습니다. 한 걸음 한 걸음 쌓아온 사람과의 관계가 저를 더 단단하게 성장시켰습니다.

이른 새벽부터 시작되는 아파트 세차장에서의 경험과 시간들은 저를 육체적으로 단련시켰을 뿐 아니라, '진정한 세일즈의 본질'과 '깊이 있는 인간관계'의 가치를 온몸으로 깨닫게 해주었습니다.

어린 시절부터 정규 교육을 제대로 받지 못했던 저는 배움에 대한 갈증이 컸습니다. 그래서 늘 호기심이 많았지만, 주변에서는 흔히 '남의 말을 쉽게 믿고 잘 넘어가는' 사람이라고 했습니다. 지금 돌이켜보면, 그런 순수한 마음가짐이 오히려 새로운 기회를 발견하는 통찰력을 길러주었습니다.

지금도 저는 후배들에게 이런 조언을 전합니다.
"어떤 작은 경험도 언젠가는 큰 힘이 되니, 절대 무시하지 마라.
네가 한 걸음 내디딜 때마다, 세상은 두 배의 기회로 보답할 것이다."

성공의 원동력은 결국 '지속적인 관계'였습니다. 세차장에서 만난 고객들, 네트워크 마케팅에서 만난 동료들, 그리고 화장품 사업을 함께한 파트너들과의 관계를 돌아보니, 한 가지 분명한 진리를 발견했습니다. 나의 20%의 노력보다 타인과의 80%의 관계 유지가 훨씬 더 큰 영향을 미친다는 것입니다. 이것이 바로 제가 체득한 삶의 '20대 80법칙'입니다.

힘들고 어려울수록 먼저 연락하고, 진심 어린 안부를 전하며 관계를 우선하는 삶을 살았습니다. 그 과정에서 배운 인내와 배려는 단순한 처세술이 아닌, 삶의 진정한 가치가 되었습니다. 어머니께서 보여주신 헌신적인 삶과 바다에서 배운 끈기, 그리고 수많은 만남 속에서 깨달은 관계의 소중함. 이 모든 것들이 어우러져 지금의 나를 만든 가장 큰 자산이 되었습니다.

배움과 도전 3

공부는 끝없는 갈증처럼
남아 있었다

중·고등학교를 검정고시로 마치고 군 복무를 마친 후 서울에서 생활하던 시절, 마음 한편에는 늘 '배움'에 대한 갈증이 있었습니다. 야학에서 맛본 지식의 욕망은 더 큰 배움에 대한 열망으로 이어졌고, 그러던 중 방송통신대학교라는 희망의 빛을 발견했습니다. 일과 학업을 병행할 수 있다는 점은 가난한 청년이었던 제게 운명처럼 다가왔고, 저는 꿈에 그리던 대학 생활을 시작하기 위해 경영학과에 등록했습니다.

하지만 현실의 벽은 높았습니다. 생계를 위해 아파트 세차 사업과 네트워크 사업을 동시에 운영하면서 학업까지 병행하는 것은 제 체력의 한계를 시험하는 일이었습니다. 하루 종일 육체노동으로 굳어버린 몸을 이끌고 책상 앞에 앉아서, 졸음과 피로를 이겨내며 공부에 집중해야 했습니다. 그런 힘든 순간마다 저는 어머니의 고단했던 삶을 떠올리며 스스로를 다독였습니다.

"지금 이 기회를 놓치면, 평생 후회할 거야.
지금이 아니면 영원히 할 수 없을지도 몰라."

방송통신대의 수업은 독학과 방송 강의 중심이었습니다. 경영학을 배우며 가장 크게 깨달은 것은, 사업에서 결국 중요한 것은 '사람'이라는 사실이었습니다.

회계학과 마케팅 수업에서 배운 이론들은 화장품 유통 사업 현장에서 놀라운 힘을 발휘했습니다. 원가 계산과 손익 분석을 통해 적정 마진율을 설정할 수 있었고, 고객 심리를 이해한 마케팅 전략으로 매출이 상승했습니다. 이론이 실전에서 빛을 발하는 순간들을 경험하며, 대학에서 배우는 전문 지식이 사업의 성패를 가르는 핵심 열쇠가 될 수 있다는 것을 깨달으며 더욱 깊이 학업에 몰입했습니다.

저는 그곳에서 각기 다른 인생의 여정을 걸어온 소중한 사람들을 만났습니다. 생계와 학업을 동시에 이어가는 동기들, 인생의 전환점에서 새로운 도전을 시작한 이들까지. 우리는 서로 다른 배경을 가졌지만, 배움이라는 공통된 목표 아래 금세 깊은 유대감을 형성했습니다.

함께 공부할 공간이 절실했던 우리는 스터디 모임을 결성했습니다. 후배들을 위한 '일일 주점 행사'를 통해 운영 자금을 마련했고, 마침내 우리만의 학습 공간을 갖게 되었습니다. 그곳에서 우리는 시험 정보를 나누고, 서로의 학업을 진심으로 응원했습니다. 그때 맺은 소중한 인연들과는 지금까지도 만나며 그 시절의 추억을 나누고 있습니다.

특히 한 동기와의 만남은 제게 '삶의 균형'이라는 귀중한 가르침을 주었습니다. 그는 일과 학업은 물론, 집안의 장손으로서 가족의 대소사와 동생들의 미래까지 책임지며 바쁜 일상을 이겨냈습니다. 그의 모습을 지켜보며 저는 깊은 깨달음을 얻었습니다.

"공부와 일도 중요하지만,

결국 사람과의 관계가 삶을 풍요롭게 만드는 근본이 구나."

이후 저는 학업 못지않게 주변 사람들과의 관계를 소중히 가꾸려 노력했습니다.

물론 포기하고 싶은 순간들도 수없이 많았습니다. 그럴 때마다 저는 '처음의 마음'을 떠올렸습니다. 배움에 대한 갈증, 그리고 제가 꿈꾸던 미래의 모습. 그 소중한 기억들이 저를 다시 일으켜 세웠습니다.

결국 저는 학점 미달로 방송통신대 경영학과를 4년 수료만 하고 졸업하지 못했습니다. 마음 한켠이 무너졌지만, '포기하지 않는 것'이 진정한 배움이라는 것을 알기에 다시 마음을 다잡고 도전했습니다. 그렇게 20년이라는 긴 세월이 흘러, 마침내 2009년, 저는 오래도록 바라던 학사 학위를 받게 되었습니다.

졸업장을 품에 안고 가장 먼저 찾아간 곳은 부모님의 산소였습니다. 어린 시절부터 농사일과 바닷일로 고생하시며 자식 교육을 위해 희생하신 부모님께 드디어 효도의 첫걸음을 떼었다는 생각에 가슴이 먹먹했습니다. 오랫동안 그냥 말 없이 묵상으로 인사를 올렸습니다.

그 순간, 야학에서 시작된 배움의 여정과 방송통신대에서의 20년이라는 긴 시간이 주마등처럼 스쳐 지나갔고, 저는 참았던 울음을 터뜨렸습니다. 기쁨보다는 더 일찍 이 자리에 오지 못한 미안함과 부모님에 대한 그리움이 앞섰습니다. 결국 이 졸업장보다 더 값진 것은 포기하지 않고 끝까지 도전하며 배운 인내와, 그 긴 여정에서 만난 소중한 사람들의 따뜻한 손길이었습니다.

방송통신대에서의 시간을 통해 학업과 일을 병행하며 책임감을 배웠고, 한정된 시간을 효율적으로 활용하는 지혜를 얻었습니다. 특히 다양한 배경을 가진 사람들과의 만남은 제 사업의 지평을 넓히고, 인생의 깊이를 더해주었습니다. 이 과정에서 저는 삶의 본질적인 진리 하나를 깨달았습니다.

"진정한 성장은 지식의 확장과 인간관계의 깊이가 조화를 이룰 때 시작된다."

학문은 제 사고를 체계화하고 확장시켰으며, 사람과의 관계는 제 마음의 그릇을 더욱 넓고 깊게 만들었습니다. 그래서 저는 후배들에게 말해주고 싶습니다.

"배움의 기회가 찾아오면 주저하지 말고 도전하라. 그리고 함께하는 사람들을 소중히 여겨라. 성공의 열쇠는 결국 사람에게 있다."

1989년, 한국방송대학교에서 맺어진 동기들과의 인연은 30여 년이 지난 지금도 변함없이 이어지고 있습니다. 세월이 흘러 우리 모두 흰 머리카락이 성큼 늘어났지만, 이렇게 서로를 의지하며 함께할 수 있는 친구들이 있다는 것은 제 인생에서 가장 값진 보물입니다.

최근 우리는 36년 지기 동창들과 제주도로 여행을 떠났습니다. 김포공항에서 하나둘 모여드는 친구들의 얼굴에는 주름이 깊어졌지만, 그 눈빛만은 여전히 20대 청춘 그대로였습니다. 서로를 바라보는 순간, 마치 시간이 거꾸로 흘러 강의실에서 함께 공부하던 그때로 돌아간 듯했습니다.

하지만 이번 여행에는 작은 그림자도 있었습니다. 함께 공부하고 꿈꾸던 두 명의 소중한 동문이 먼저 하늘나라로 떠났기 때문입니다. 늘 곁에 있을 것만 같던 친구들의 빈자리는, 우리에게 삶의 유한함을 깊이 되새기게 했습니다.

이번 여행의 대화는 예전과는 사뭇 달랐습니다. 젊은 시절의 웃음 넘치는 수다 대신, 건강과 노후, 자녀들의 미래에 대한 진중한 이야기들이 오갔습니다. 설렘과 희망보다는 걱정과 준비에 대한 대화가 많았던 것은, 우리 모두가 인생의 후반전을 의식하게 된 나이가 되었기 때문이었습니다.

먼저 떠난 친구들을 추억하며, 우리는 자연스럽게 삶과 죽음에 대해 생각하게 되었습니다. 말하지 않아도 서로의 마음이 전해지고, 그저 함께 있는 것만으로도 위안이 되는 깊은 우정이 우리 사이에 자리 잡았음을 느꼈습니다.

각자의 인생을 돌아보며 후회를 토로하는 이도 있었고, 담담히 받아들이는 이도 있었으며, 아쉬움을 안고

있는 이도 있었습니다. 문득 저는 스스로에게 물었습니다. '나는 어떤 삶을 살아왔을까?'

깊이 성찰해보니, 저는 '감사와 만족'으로 가득한 삶을 살아왔다고 자신 있게 말할 수 있습니다. 비록 부족한 점도 많았지만, 가족을 위해 진심을 다해 사랑했고 최선을 다했으며, 무엇보다 지금 이 순간 함께 웃고 울 수 있는 진정한 벗들이 있다는 사실이 제 삶을 풍요롭게 만들었습니다.

2박 3일의 제주 여행은 단순한 추억 만들기가 아닌, 우리 인생의 '하프타임'을 어떻게 살아갈지 진지하게 성찰하는 시간이었습니다. 출발할 때는 가벼운 설렘이었지만, 돌아오는 길에는 삶에 대한 겸허함과 깊은 통찰이 우리 모두의 가슴에 자리 잡았습니다. 이번 여행은 우리의 남은 인생을 더욱 의미 있게 만들어 줄 귀중한 시간이었습니다.

배움과 도전 4

새로운 조직
'신방문판매' 도전하다

서울에서 주경야독하며 아파트 세차와 네트워크 조직 사업을 병행하던 시절, 나는 또 하나의 도전을 시작했습니다. 하루하루가 전쟁 같은 나날이었지만, 더 큰 꿈을 향한 열정만은 식지 않았습니다. 그렇게 시작한 새로운 도전이 바로 '화장품 신방문판매'였습니다. 당시 화장품 시장의 흐름 속에서 새로운 기회가 보였기 때문입니다.

많은 사람들이 방문판매를 '거절의 연속'이라며 피하고 싶어하는 일이었습니다. 하지만 내게는 이 일이 새로운 세상으로 나아가는 소중한 기회였습니다. 빈손으로 시작했지만, 오히려 그 절박함이 더 큰 동력이 되었습니다. 아무것도 없었기에 더욱 간절했고, 그 간절함이 새로운 도전에 대한 감사한 마음으로 이어졌습니다.

"이 일을 통해 반드시 가족의 생계를 책임지고, 그들에게 든든한 버팀목이 되리라."

새벽 아파트 세차를 마치고, 곧장 을지로에 위치한 신 방문판매 사무실 10층으로 향했습니다. 판매 조직원들과 열띤 아침 미팅에서 오늘의 목표와 전략을 공유한 뒤, 정성스레 고른 화장품 샘플과 카탈로그를 챙겨 첫 고객을 만나러 나섰습니다.

처음에는 모든 것이 낯설고 어색했지만, 이전의 '무작정 방문'하는 방식과는 달리 신용카드 할부 시스템을 활용하는 체계적인 판매 구조라는 점이 매력적이었습니다. 네트워크 비즈니스에서 쌓은 인맥을 바탕으로 유능한 지인들과 지부를 구성했고, 그들의 풍부한 업계 경험 덕분에 짧은 시간 안에 상당한 규모의 조직으로 성장할 수 있었습니다.

대부분 여성으로 구성된 화장품 방문판매 조직에서, 나는 드물게 활동하는 남성 사업자였습니다. 처음에는 지인들을 중심으로 판매망을 넓혀갔지만, 그것만으로는 한계가 있었습니다. 교육을 마친 후에는 사무실 주변, 강남, 청담동 등 서울 주요 상권을 중심으로 낯선 고객들을 직접 찾아 나서야 했습니다.

"안녕하세요, 잠깐 시간 괜찮으신가요?"
이 짧은 인사말로 시작되는 하루는 대부분 냉담한 거절로 채워졌습니다. 특히 직원이 많아 보이는 사무실을 찾아가 용기 내어 문을 두드렸다가 차가운 시선과 무관심한 반응에 발걸음을 돌리는 일이 하루에도 수십 번이었습니다. 하지만 이런 순간마다 야학과 세차에서 배운 인내의 가치를 되새기며 마음을 다잡았습니다.

고가의 프리미엄 화장품을 다루는 만큼, 고객층과 방문 지역을 신중하게 선정하는 것이 무엇보다 중요했습니다. 매일 아침 철저한 시장 조사와 동선 계획으로 하루를 준비했고, '오늘은 단 한 명의 고객이라도 꼭 만나야 한다'는 절실한 마음가짐으로 발로 뛰었습니다. 비록 당장의 성과는 미미했지만, '이 과정이 반드시 나를 성장시킬 것'이라는 강한 믿음이 좌절의 순간에도 앞으로 나아가게 하였습니다.

어느 날, 지인의 소개로 한 누님을 찾아가게 되었습니다. 주소를 확인하자마자 가슴이 뛰었습니다. 그곳은 제가 매일 새벽 세차를 하며 땀 흘리던 아파트 단지였기 때문입니다.

그 누님은 지인들과 함께 자리하고 계셨고, 차 한 잔과 함께 반갑게 맞아주셨습니다. "젊은 친구가 참 열심히 사네"라는 그분의 진심 어린 말씀에 그간의 고단함이 녹아내렸습니다. 긴장된 마음을 추스르며 정성껏 제품을 설명해 드렸고, 몇 가지 제품이 판매되었습니다. 하지만 그날 얻은 것은 단순한 매출이 아닌 소중한 '인연'이었습니다.

그 누님을 통해 과거 네트워크 사업에서 함께했던 동료와 그의 아내를 다시 만나게 되었고, 우리는 자연스럽게 새로운 사업 파트너가 되었습니다. 이 인연으로 조직 매출은 안정적으로 성장했고, 월말 실적 관리도 한결 수월해졌습니다.

더욱 놀라운 것은 그동안 끊어졌던 네트워크 인맥들이 하나둘 다시 이어지기 시작했다는 점입니다. 그때 저는 깨달았습니다.

"인생은 결국 사람이다."
진심을 다해 살아가고 인연을 소중히 여긴다면, 그 선한 마음이 언젠가는 반드시 축복으로 돌아온다는 것을.

그 후에도 나는 작은 희망들을 하나씩 모아갔습니다. 매일 아침 거절의 두려움을 이겨내며 한 걸음씩 나아갔고, 그 진심이 통했는지 점차 단골 고객이 늘어나기 시작했습니다. 한 명의 만족한 고객이 또 다른 고객을 소개해주는 선순환이 이어졌고, 수많은 거절 속에서도 "이 제품 정말 좋네요. 다음에 또 방문해주세요"라는 따뜻한 한마디가 새로운 도전의 원동력이 되었습니다.

고객 한 분 한 분의 이야기에 귀 기울이며 생활 습관, 피부 고민, 선호하는 성분까지 꼼꼼히 기록하고 연구했습니다. 단순히 제품을 판매하는 것이 아닌, 진정한 뷰티 컨설턴트가 되고자 노력했습니다. 이러한 정성과 노력이 쌓이자 고객들의 신뢰는 자연스럽게 높은 실적으로 이어졌고, 입소문을 타고 새로운 고객들이 끊임없이 찾아오게 되었습니다.

돌아보면, 이 시절은 단순한 '화장품 판매'를 넘어선 '인생의 수련기'였습니다. 수많은 거절 속에서도 포기하지 않는 용기와 담대함을 배웠고, 고객 한 분 한 분의 이야기에 진심으로 귀 기울이며 진정한 소통의 가치를 깨달았습니다. 무엇보다 사람과 사람 사이의 신뢰를 쌓아가는 법을 온몸으로 체득했습니다.

아파트 세차 사업에서 단련된 근성과 네트워크 사업을 통해 습득한 전문적인 영업 노하우는 이 새로운 도전에서 더욱 빛을 발했습니다. 힘든 순간마다 내 마음을 지탱해준 것은 다음과 같은 굳건한 믿음이었습니다.

"이 길 끝에는 반드시 희망이 있을 것이다."
"작은 기회가 큰 성공의 씨앗이 된다."
"시작은 미약했지만, 그 안에는 무한한 가능성이 있었다."

지금도 그 시절을 떠올리면 자연스레 미소가 지어집니다. 삶이 결코 쉽지는 않았지만, 매 순간 스스로의 힘으로 일어서고자 했던 그 시간들이 오늘의 나를 만들었습니다. 나는 두려움 속에서도 끊임없이 도전했고, 수많은 거절 속에서도 한 걸음씩 전진했습니다.

화장품 방문판매는 단순한 영업 경험이 아닌, 사람과 사람 사이의 진정한 신뢰를 배우는 소중한 여정이었습니다. 이 경험은 제게 더 큰 꿈을 꾸게 해주었고, 훗날 성공적인 기업가로 성장하는 밑거름이 되었습니다.

"희망은 기다리는 자가 아닌, 행동하는 자의 것이다."

배움과 도전 5

EQ 코스메틱,
첫 유통브랜드
쓰라린 실패

화장품 신방문판매는 제가 처음으로 도전한 사업이었습니다. 나름의 성과를 거두었지만, 매일 새로운 고객을 찾아 문을 두드려야 하는 영업 방식은 체력적 한계에 부딪혔고, 수입의 안정성도 보장할 수 없었습니다. 열정을 다해 일한 만큼의 보상은 있었지만, 미래를 내다보며 지속 가능한 사업 모델로의 전환이 필요하다는 판단이 섰습니다. 깊은 고민 끝에 저는 방문판매 사업을 정리하는 결단을 내렸습니다.

그러던 중, 운명처럼 새로운 기회가 찾아왔습니다. 오랜 친구가 운영하던 화장품 대리점을 권리금 없이 인수할 수 있는 제안을 해온 것입니다. 더욱 감사했던 것은 친구의 아버님께서 저의 가능성을 믿고 담보까지 제공해 주신 것이었습니다. 이렇게 1994년, 저는 본격적으로 화장품 사업의 새로운 장을 열게 되었습니다.

당시 사회는 IQ보다 'EQ(감성지수)'의 중요성이 부각되던 시기였습니다. 저는 이 시대적 흐름에 깊이 공감했고, 단순히 제품을 파는 것을 넘어 고객의 마음을 이해하고 교감하는 브랜드를 만들고 싶었습니다. 그래서 'EQ 코스메틱'이라는 이름을 택했습니다. 이는 화장품을 매개로 사람과 사람이 진정으로 소통하고 교감하는 감성 유통의 새로운 패러다임을 만들고자 하는 저의 비전이 담긴 것이었습니다.

하지만 시작은 순탄하지 않았습니다. 사업 첫해, 공급받은 제품의 대금을 회수하기 위해 받았던 4천만원 상당의 당좌수표가 부도 처리되면서 큰 타격을 입었습니다. IMF 외환위기까지 겹치면서 사업 환경은 급격히 악화되었습니다. 매달 오프라인 매장의 매출을 본사에 성실히 입금했음에도 불구하고 수익은 나지 않았고, 오히려 부채만 눈덩이처럼 불어나는 악순환이 계속되었습니다.

그 시절은 제 인생에서 가장 어두운 터널이었습니다. 매일 아침 눈을 뜨는 것조차 고통스러웠고, 밤마다 삶을 포기하고 싶은 생각이 밀려왔습니다. 절망감에 사로잡혀 유서를 쓰고 찢고, 또다시 쓰는 일이 반복되었습니다. 그만큼 현실은 냉혹했고, 미래는 불투명했습니다.

하지만 그런 저를 끝까지 믿어주고 보증까지 서준 지인들이 있었고, 어려운 시기에 말없이 곁을 지켜준 아내도 있었습니다. 무엇보다 저는 두 아이의 아버지였고, 사랑하는 아내와 장인·장모님과 함께 살아가는 한 가정의 가장이었습니다. 포기하고 싶은 순간마다 가족들의 얼굴이 떠올랐고, 그들에 대한 책임감이 저를 다시 일으켜 세웠습니다.

어린 시절부터 수많은 역경을 헤쳐 왔지만, 이번 위기는 달랐습니다. 도망칠 수도, 피할 수도 없는 진정한 '벼랑 끝'이었습니다. 한 걸음만 잘못 내디뎌도 모든 것을 잃을 수 있는 절체절명의 순간이었습니다.

어머니께서 늘 말씀하시던 "고난 속에는 반드시 기회가 숨어있다"는 가르침이 떠올랐습니다. 비록 앞이 보이지 않는 절망의 순간이었지만, 저는 그 어둠 속에서도 희망의 빛을 찾고자 했습니다.

깊어가는 어느 밤, 아내와 마주 앉아 나눈 진솔한 대화는 제 인생의 결정적인 전환점이 되었습니다. 서로의 눈빛에서 읽은 절실함은 더는 물러설 곳이 없다는 현실을 직시하게 했고, 이것이 마지막 기회라는 각오로 새로운 도전을 결심했습니다. 그리고 그 결심의 순간, 놀랍게도 변화의 실마리가 보이기 시작했습니다. 절체절명의 순간에 찾아온 '생각의 전환'은 이후 제 인생의 방향을 완전히 바꾸어 놓았습니다.

IMF 외환위기는 위기이자 새로운 기회의 시작이었습니다. 기존의 본사–총판–대리점–소매점으로 이어지는 오프라인 중심의 다단계 유통구조가 급격히 해체되면서, 소비자가 직접 선택하고 구매하는 온라인 전자상거래 시대가 열리고 있었습니다. 이는 단순한 변화가 아닌, 생산자 중심에서 소비자 중심으로의 근본적인 패러다임 전환이었습니다. 바야흐로 유통 혁명의 시대가 도래한 것입니다.

IT와 인터넷에 대한 지식이 전무했던 저는 처음에 이러한 변화를 이해하기 어려웠습니다. 그러나 절박한 상황이 오히려 새로운 길을 찾게 만들었습니다. 매일 밤하늘을 올려다보며 하나님께 원망도 하고 소원도 빌었던 그 간절한 시간들 속에서, 저는 미래를 향한 희망의 빛을 발견하게 되었습니다.

그렇게 저는 전자상거래라는 새로운 영역에 도전장을 내밀었습니다. '메이크샵' 솔루션을 기반으로 향수 전문 쇼핑몰 '향수매니아'를 오픈했습니다. 오프라인에서 쌓아온 경험과 노하우를 온라인이라는 새로운 무대에서 펼쳐보고자 한 것입니다.

비록 사업 방식은 완전히 달랐지만, 그만큼 무한한 가능성과 새로운 희망이 보였습니다. 절망의 끝자락에서 발견한 작은 기회로 저는 새로운 미래를 향해 힘찬 발걸음을 내딛기 시작했습니다.

배움과 도전 6

IMF, 가족의 힘으로
생존하다

IMF 외환위기는 우리 가족의 삶을 뿌리째 흔들어 놓았습니다. 1997년, 한국 경제가 붕괴 직전에 몰리며 대기업과 중소기업을 가릴 것 없이 연쇄적으로 무너져 내렸고, 나 역시 그 거대한 소용돌이에 휘말렸습니다.

국내외 화장품 유통을 하던 내 사업은 환율이 천정부지로 치솟고 내수 경기가 얼어붙으며 거래처 부도와 미수금이 눈덩이처럼 불어났습니다. 자금 흐름이 완전히 마비되었고, 창고에는 팔리지 않는 재고만 쌓여갔습니다. 사업가로서 맞이할 수 있는 최악의 위기였습니다.

발행한 6000만원 가계수표가 부도 처리될 위기에 놓였고, 직원들 월급조차 제때 줄 수 없는 상황에서 밤잠을 설쳐야 했습니다. "이 난관을 어떻게 헤쳐나가야 하나" 깊어가는 절망 속에서 한숨만 늘어갔습니다. 하지만 좌절만 하고 있을 여유는 없었습니다. 가족의 생계가 걸려있었기에, 무슨 수를 써서라도 살아남아야만 했습니다.

직원들의 월급과 거래처 대금을 맞추기 위해 신용카드로 돌려막기까지 해가며 버텼습니다. 명절이나 휴가철에 보너스를 제대로 챙겨주지 못한 것이 늘 마음에 걸렸고, 그로 인해 회사를 떠난 직원들도 있었지만, 끝까지 함께 어려운 시기를 견뎌준 직원들에게는 지금도 깊은 감사를 느낍니다.

이른 새벽에는 아파트 단지를 돌며 세차비 현금을 마련하고, 낮에는 거래처를 방문하며 재기의 발판을 찾았습니다. 주경야독하던 시절처럼 밤낮으로 발로 뛰어야 했습니다. 동대문과 남대문 시장을 누비며 재고로 쌓인 화장품을 원가 이하로라도 판매해 현금을 확보하기도 했습니다.

밤이면 동대문 새벽시장 내 화장품 지인들의 새로운 거래처를 개척하기 위해 골목골목을 찾아다녔습니다. 아내도 한시도 쉬지 않고 함께 발로 뛰며 위기를 극복하고자 했고, 우리의 간절한 노력 덕분에 조금씩 숨통이 트이기 시작했습니다.

그 절박했던 시기에도 잊지 못할 따뜻한 손길들이 있었습니다. 계모임을 주관하시던 거래처 사모님은 제 사정을 알고 선뜻 "너무 힘들어 보여서 두 번째 계까지 태웠어요"라며 힘이 되어주셨습니다. 또 다른 거래처 사장님은 "요즘 너희 같은 젊은 사업가들이 많이 힘들지. 잘 버텨보게"라며 깊은 공감과 위로를 건네주셨습니다. 그 따뜻한 말 한마디에 눈시울이 붉어졌습니다.

가장 큰 힘이 되어준 것은 다름 아닌 가족이었습니다. 갓 돌이 지난 아들과 네 살짜리 큰딸, 그리고 장인·장모님과 함께 살며 서로를 의지했습니다. 매일 밤 잠든 아이들의 평온한 얼굴을 보며 새로운 희망과 용기를 얻었고, 아내는 어떤 상황에서도 흔들림 없이 제 곁을 지켜주었습니다.

사업이 부도 위기에 몰렸을 때, 차마 직접 말씀드리기 어려워 술 한 잔의 용기를 빌려 아내를 통해 장인어른께 어려운 사정을 전했습니다. 다음 날, 장인어른께서는 오랜 시간 마을금고에 모아두신 소중한 돈을 건네시며 "이 고비만 잘 넘기면 된다"고 격려해 주셨습니다. 그 따뜻한 손길 덕분에 위기의 순간을 견뎌낼 수 있었습니다.

고향 어머니의 도움도 큰 힘이 되었습니다. 새아버지께 처음 도움을 청했을 때는 여의치 않다는 답변을 받았지만, 며칠 뒤 어머니께서 어렵게 마련하신 돈을 전해주시며 숨통을 틔워주셨습니다.

그 절망적인 시기에 나는 하늘나라로 떠나신 아버지의 산소를 찾아갔습니다. 마지막 희망이라도 붙잡고 싶은 심정으로, 아버지 묘소 앞에서 한참을 울었습니다. 그리고 아버지를 기억하고자 묘소 앞의 풀잎 한 줌을 조심스레 뜯어 지갑에 넣었습니다.

그 풀잎은 지금도 내 지갑 속에서 그날의 아픔과 다짐을 고스란히 간직하고 있습니다. 힘든 순간마다 그 풀잎을 보며 IMF의 절박했던 시기와, 그때 아버지 앞에서 했던 간절한 약속을 되새깁니다.

가족의 헌신과 사랑은 끊임없이 이어졌습니다. 아내는 거래처 매장에서 아르바이트하면서도 작은 사무실에서 재고 정리와 출고 업무를 도맡아 했고, 장인·장모님과 처가 식구들은 아이들을 정성껏 돌보며 든든한 버팀목이 되어 주셨습니다. 어린 아이들조차 "아빠, 힘내세요"라는 응원으로 제게 새로운 희망을 주었습니다.

형제들의 도움도 각별했습니다. 큰형님은 본인의 가게 운영도 힘든 상황이었지만, 아내가 일하러 나갈 때마다 기꺼이 아이들을 돌봐주었고 급전이 필요할 때마다 선뜻 도움의 손길을 내밀어 주었습니다. 둘째 형님은 "가족은 어려울 때 서로를 지켜주는 거야"라며 따뜻한 위로와 함께 물심양면으로 도와주셨습니다. 여동생은 어린이집 원장으로서의 전문성을 살려 우리 아이들의 보육을 책임져 주었습니다.

이러한 가족들의 전폭적인 지지 덕분에 저는 다시 영업 일선에 뛰어들 수 있었고, 점차 자금 사정도 호전되기 시작했습니다.

IMF 시기는 제 인생에서 가장 힘들면서도 가장 값진 교훈을 얻은 시기였습니다. 끝이 보이지 않는 불황 속에서도 포기하지 않고 버틸 수 있었던 것은 오로지 가족이라는 든든한 울타리가 있었기 때문입니다. 이 시기를 겪으며 저는 평범하지만 가장 본질적인 진리를 깨달았습니다.

'혼자가 아닌, 가족과 함께 만들어가는 인생이야말로 진정한 성공이다'

개인의 능력과 노력도 중요하지만, IMF 위기를 통해 진정으로 삶을 지탱해주는 힘은 가족과 형제의 사랑이라는 것을 뼈저리게 깨달았습니다. 그 시절 가족들이 보여준 무한한 신뢰와 헌신은 제게 '진심'이 얼마나 소중한 것인지를 일깨워주었고, 이것은 훗날 닥터올가를 창업할 때 가장 큰 밑거름이 되었습니다.

가족들이 저를 믿고 지지해준 것처럼, 저 역시 고객의 피부 건강을 진심으로 생각하고 신뢰를 쌓아가는 기업을 만들고자 했습니다. 지금의 닥터올가가 단순한 이윤 추구를 넘어 고객과의 진정성 있는 소통을 최우선으로 삼을 수 있었던 것도, IMF 시절 가족들로부터 배운 '진심의 가치' 덕분이었습니다.

가족은 제 인생에서 어떤 순간에도 중심을 잃지 않게 해준, 그 무엇과도 바꿀 수 없는 가장 소중한 자산입니다.

배움과 도전 7

축복의 인터넷 도전

IMF 외환위기로 인한 경제 불황은 화장품 판매 사업에
도 큰 타격을 주었습니다. 고객들의 소비 심리가 위축
되면서 매출은 급감했고, 기존의 판매 방식으로는 더
이상 수익을 내기 어려웠습니다. 본사에서 소매점으로
이어지는 복잡한 유통 단계마다 이윤이 붙었고, 그만큼
소비자 가격은 높아질 수밖에 없었습니다.

이러한 상황에서 특히 젊은 층을 중심으로 소비 패턴
이 오프라인에서 온라인으로 빠르게 이동하고 있었습
니다. 하지만 월말이면 어김없이 찾아오는 수금 독촉과
자금 부족분을 메우기 위해 또다시 빚을 내는 악순환
의 고리는 제 목을 조여오는 올가미와도 같았습니다.
이대로는 더 이상 버틸 수 없다는 절박한 위기감이 들
었습니다.

그러던 어느 날, 우연히 들른 PC방에서 '인터넷'이라는 새로운 세상을 마주하게 되었습니다. 당시 인터넷은 이미 전 세계적으로 빠르게 성장하고 있었고, 기존의 복잡한 유통 단계를 획기적으로 줄일 수 있는 '전자상거래'라는 혁신적인 방식이 등장하고 있었습니다.

비록 생소한 개념이었지만, 중간 유통 마진을 최소화하고 소비자에게 직접 제품을 판매할 수 있는 돌파구가 될 수 있다고 직감했습니다. 변화의 흐름 속에서 '온라인 유통'이라는 새로운 가능성을 발견한 저는 두려움보다 설렘이 더 컸습니다.

이러한 통찰을 바탕으로 시작한 첫 온라인 유통 사업이 바로 '향수매니아'였습니다. 당시 향수 시장은 고급 백화점이나 일부 오프라인 화장품 매장에서만 독점적으로 판매되고 있었고, 이로 인해 소비자들은 제한된 선택권과 높은 가격을 감수해야만 했습니다. 이러한 시장 상황에서 온라인 향수 유통은 그야말로 개척되지 않은 블루오션이었습니다.

화장품 유통업계에서 쌓은 인맥을 활용해 소량의 향수

를 안정적으로 공급받을 수 있었습니다. 이를 기반으로 인터넷 쇼핑몰 제작 전문 업체의 서비스를 이용해 자체 쇼핑몰 '향수매니아'를 구축했고, 다음커뮤니케이션의 검색 광고와 D&Shop 등 B2B 플랫폼을 적극 활용하여 향수 유통망을 점차 확대해 나갔습니다.

'향수매니아'라는 이름에는 '향수를 사랑하는 사람들의 공간'이라는 특별한 의미가 담겨있습니다. 아내가 직접 지은 이름이었지만, 사업을 시작하고 보니 이름을 짓는 것보다 실제 운영은 훨씬 더 큰 도전이었습니다.

우리는 모든 것을 처음부터 배워야 했습니다. 홈페이지 제작부터 제품 촬영, 상품 등록까지 아내와 둘이서 직접 해 나갔습니다. 자금이 부족해 실패도 겪었고, 사기를 당해 큰 손실을 보기도 했지만, 그 과정에서 값진 경험을 쌓았습니다. 시행착오를 겪으며 성장한 끝에 디자이너, 쇼핑몰 MD, B2B 담당자를 채용할 수 있었고, 점차 전문적인 조직의 모습을 갖추게 되었습니다.

그 시기는 정말 바쁜 나날의 연속이었습니다. 저는 오프라인 화장품 매장에서 제품을 공급하고, 아내는 청량리 유흥가 내 골목시장에서 화장품 매장을 운영했습니다. 낮에는 대리점 일을, 저녁에는 향수 쇼핑몰 관리를, 그리고 새벽에는 아파트 세차까지 하루가 48시간이라도 모자랄 만큼 정신없이 달려야 했습니다.

온라인 매출이 조금씩 성장하면서 오프라인 매장을 정리하고, 아내는 사무실로 나와 본격적으로 함께 일하게 되었습니다. 결혼 전 LG전자에서 근무했던 아내의 IT 실무 경험과 컴퓨터 활용 능력은 온라인 사업을 시작하는 우리에게 든든한 자산이 되었습니다.

하지만 새로운 도전의 길은 험난했습니다. 1년이 넘도록 매달 적자가 이어졌고, 오프라인 대리점과 아파트 세차 사업으로 간신히 벌어들인 수익마저 온라인 사업에 쏟아부어야 했습니다. 특히 쇼핑몰 오픈 후 몇 달 동안은 단 한 건의 주문도 없어 좌절감이 컸습니다.

그러던 어느 날, 마침내 첫 주문이 들어왔습니다. 단돈 2만 원짜리 향수 한 개였지만, 그 주문 하나가 우리에게는 엄청난 희망이었습니다. 기쁨을 나누고 싶어, 우리는 그날 2만 원짜리 향수 하나를 팔고 10만 원짜리 회식을 했습니다. 고객이 온라인에서 주문하고 결제하는 전 과정을 확인하면서, 우리는 온라인 유통의 가능성을 확신하게 되었습니다.

하지만 온라인 시장은 결코 만만치 않았습니다. 백화점보다 저렴한 가격으로 판매되는 온라인 향수에 대해 가품이라는 루머가 돌기도 했고, 일부 백화점 직원들은 고객의 불신을 조장하기도 했습니다. 이러한 상황에서 저는 '고객과의 신뢰'를 무엇보다 중요하게 여겼습니다.

당시는 다음 카페를 비롯한 초기 인터넷 커뮤니티가 활발하던 시기였습니다. 저는 직접 소규모 카페에서 홍보와 입소문을 위해 운영자들과 고객들과 꾸준히 소통했습니다. 제품의 상세 설명, 향의 특징, 사용 시 주의사항 등을 꼼꼼하게 안내하며 신뢰를 쌓아갔습니다. 하루에도 수십 통의 문의 메일에 답장하고, 요청이 있을 땐 직접 제품을 전달하기도 했습니다.

한 번은 부산의 한 고객이 "온라인에서 판매되는 향수가 정품이 맞는지 의심스럽다"며 서울까지 직접 찾아오셨습니다. 저는 그 고객을 정성껏 맞이하여 제품 하나하나의 진위 여부를 꼼꼼히 설명드렸고, 우리 회사의 엄격한 품질관리 과정도 상세히 보여드렸습니다. 결국 그 고객은 제품의 품질과 우리의 진정성을 인정하시며 대량 주문을 해 주셨고, 이후 오랫동안 단골로 거래를 이어가게 되었습니다.

이 경험은 온라인 비즈니스에서도 결국 '사람과 사람 사이의 신뢰'가 핵심이라는 깨달음을 주었습니다. 화면 너머로 만나는 고객이라 할지라도, 진심 어린 서비스와 정직한 거래만이 지속 가능한 사업의 토대가 된다는 확신이 들었습니다.

우리는 회사의 사훈을 '고객 운명주의'로 정했습니다. 이는 우리의 운명이 숙명처럼 이미 정해진 것이 아니라, 고객의 마음과 선택에 따라 우리의 사업 성장이 결정된다는 고객 중심의 철학을 담고 있습니다. 이러한 '고객 운명주의'는 지금까지도 우리 사업의 근간이 되는 핵심 철학으로 자리 잡았습니다.

온라인 유통의 새로운 방식은 우리 가족에게 구원의

빛이었습니다. 온라인 쇼핑몰이 아닌, IMF 외환위기라는 절체절명의 순간에서 가족이 하나 되어 도전하고 성장할 수 있었던 희망의 여정이었습니다.

인터넷 공간은 기술이나 시스템의 차원을 넘어, 결국 사람과 사람을 이어주는 소통의 장이었습니다. 비대면 거래에서도 진정성 있는 서비스와 투명한 운영으로 고객의 신뢰를 쌓을 수 있었고, 이는 우리의 가장 큰 자산이 되었습니다. 모니터 너머의 고객 한 분 한 분을 진심으로 대하는 마음가짐이 성공으로 이끈 원동력이었습니다.

오늘날 '닥터올가'를 비롯한 절실한 우리의 브랜드 사업도 이때의 경험에서 비롯되었습니다. 온라인은 두려운 공간이 아니었습니다. 오히려 더 많은 사람들과 연결되고, 더 넓은 시장으로 나아갈 수 있는 기회의 장이었습니다. 그리고 그 기회는 우리가 꿈꾸던 것보다 훨씬 더 큰 축복이 되어 돌아왔습니다.

지금도 저는 그날을 떠올립니다. PC방에서 밤을 새우며 경쟁사를 분석하던 시간, 첫 주문이 들어왔던 날의

그 짜릿한 기쁨을. 그 시절의 도전이 없었다면 오늘날
의 성공도 없었을 것입니다. 위기는 곧 기회였고, 고난
은 축복이었습니다. 온라인이라는 새로운 세상은 우리
에게 무한한 가능성을 열어주었고, 그 가능성은 지금도
계속해서 확장되고 있습니다.

그리고 그때의 나에게, 그리고 새로운 도전 앞에 서 있
는 모든 이들에게 말해주고 싶습니다.

**"두려워하지 말고 새로운 세상으로 나아가라. 실행이
답이다."**

배움과 도전 8

진심은 결국 피부를
편안하게 한다

화장품 사업을 시작했을 때만 해도, 나는 제품의 성분
과 효과에 대한 지식만 있었을 뿐 화장품이 가진 진정
한 의미는 생각하지 못했습니다. 수많은 고객과의 만남
을 통해 깊은 깨달음을 얻었고, 화장품은 단순히 피부
에 바르는 제품이 아닌 우리의 일상과 마음을 담아내
는 특별한 매개체라는 것을 알게 되었습니다.

매일 아침 거울 앞에서 하루를 준비하고, 저녁에는 하
루의 피로를 씻어내는 순간. 화장품은 우리 삶에서 단
순한 피부 관리 도구 이상의 의미를 가집니다. 그것은
자신을 사랑하는 시간이자, 마음의 안정을 찾고 일상의
작은 행복을 발견하는 소중한 의식입니다.

이러한 깨달음은 늘 나에게 질문을 던집니다. '나는 진정 고객의 마음을 이해하고 있는가? 내가 만든 제품이 고객의 삶에 긍정적이고 의미 있는 변화를 가져다주고 있는가?' 이 물음들을 가슴에 새기며, 나는 오늘도 더 좋은 화장품을 만들기 위해 노력합니다.

고객을 만날 때마다 나는 단순히 제품을 소개하는 것을 넘어, 그들의 피부 고민에 깊이 공감하고 함께 해결책을 찾아가는 데 집중했습니다. 고객과의 신뢰 관계를 쌓는 것이 일시적인 판매 실적보다 훨씬 더 중요하다는 것을 깨달았기 때문입니다. 이러한 경험을 통해 나는 한 가지 중요한 진실을 발견했습니다.

"화장품은 단순한 피부 건강을 넘어
자존감을 높이고 삶의 질을 향상시키는 소중한 동반자
이다"

피부미용 기초과정을 수료하기 위해 수강 신청을 남성이라는 이유로 거절당했습니다. 하지만 배움에 대한 열정과 진심을 담아 관계자들을 설득했고, 결국 유일한 남성 수강생으로 참여하여 열심히 공부한 끝에 수료증을 받을 수 있었습니다.

나는 제품에 대한 깊은 이해를 위해 화장품 제조 공장을 정기적으로 방문했습니다. 연구원들과의 직접적인 소통을 통해 제품의 성분과 효능에 대한 전문성을 쌓았고, 이는 온라인에서 고객들에게 정확하고 신뢰할 수 있는 정보를 전달하는 데 큰 밑거름이 되었습니다.

하지만 화장품 사업에서 가장 중요한 것은 제품 지식이 아닌 진정성이었습니다. 고객들은 제품 자체보다 그것을 만든 사람의 철학과 다른 사용자들의 경험을 더 중요하게 여겼습니다. 나는 제품의 장점뿐만 아니라 개인의 피부 타입에 따라 효과가 다를 수 있다는 점까지 투명하게 공개했고, 이러한 정직한 소통이 고객들의 신뢰로 이어졌습니다.

이 과정에서 나는 한 가지 놀라운 사실을 발견했습니다. 화장품의 선택이 단순히 피부 개선을 넘어 한 사람의 자신감과 삶의 질을 크게 향상시킬 수 있다는 것입니다. 나 역시 그러한 변화를 경험한 한 사람으로서, 더 많은 고객들이 화장품을 통해 일상의 작은 행복을 발견하길 바라며 오늘도 최선을 다하고 있습니다.

어느 일요일 오후, 평소라면 조용했을 사무실에 전화가
울렸습니다. 선물용 제품을 급히 구하고 싶다는 고객의
다급한 목소리였습니다. 당일 수령이 가능한지 문의하
셨고, 주소를 확인해보니 가까운 거리였기에 나는 망설
임 없이 직접 배달해드리겠다고 제안했습니다.

비록 고객께서는 온라인 결제 후 택배 수령을 선택하
셨지만, 다음 날 게시판에 특별한 글이 하나 올라왔습
니다. K대학교 경영학과 학생이라고 자신을 소개한 고
객은 단 한 문장을 남겼습니다.

"고객 감동이 무엇인지 느꼈습니다."

이 짧은 한 문장이 내 마음을 크게 울렸습니다. '고객
감동'이란 거창한 구호가 아닌, 작은 순간의 진심 어린
마음에서 시작된다는 것을 깨달았습니다. 화장품은 단
순한 상품이 아닌, 판매자와 고객이 서로의 마음을 나
누는 특별한 매개체라는 사실을 다시 한번 확인하는
순간이었습니다.

비록 온라인이라는 보이지 않는 공간에서 만나는 고객
이지만, 그들의 감동과 쓴소리 모두를 소중히 여기며
진심으로 대하고자 항상 노력합니다. 우리가 처음 시작
했을 때는 부족한 것이 많았고 경제적으로도 어려웠지
만, 향수를 사랑하시는 고객 한 분이 2만 원짜리 제품
을 구매해 주셨던 그날의 감동을 아직도 잊지 않고 있
습니다.

인터넷이라는 공간을 통해 만난 고객 한 분 한 분이 얼
마나 소중한 존재인지, 감사함으로 가슴이 벅차올랐고,
'이 길을 멈추지 말자'는 확신이 자연스럽게 피어났습
니다. 지금도 그때를 떠올리면, 작은 시작이 얼마나 큰
의미를 가질 수 있는지 깊이 깨닫게 됩니다.

"나는 진정으로 고객을 위한 화장품을 만들고 있는가?"

매일 아침 이 질문으로 하루를 시작합니다. 그리고 그
물음에 떳떳할 수 있도록 끊임없이 고민하고 도전하
며, 실패조차도 더 나은 발전의 기회로 삼고 있습니다.
많은 이들이 화장품은 과학이라고 말합니다. 하지만 내
가 믿는 화장품 사업의 본질은 따로 있습니다.

단순한 지식과 기술을 넘어선 '사람을 향한 진심'입니다. 우리의 제품이 고객의 피부에 닿는 순간, 그들의 마음까지 어루만질 수 있어야 합니다. 나는 고객의 피부에 편안함을, 마음에 안정을 전하는 제품을 만들고자 합니다. 이것이 바로 우리가 추구하는 화장품 사업의 본질이자 약속입니다.

닥터올가의 기업가치는 인류의 건강한 아름다움과

지구의 지속 가능성에 기여하는 것입니다

제 3 장

닥터올가,
새로운 시작

●–● 새로운 시작 1 ●–●

닥터올가, 자연과 고객이
함께 만든 이야기

30년간의 화장품 유통업 경험을 통해, 나는 수많은 스킨케어 제품의 효과와 한계를 직접 목격했습니다. 매일 새로운 제품이 쏟아져 나오는 화장품 시장에서, 고객들의 피부 변화와 만족도를 세심하게 관찰하며 진정으로 필요한 것이 무엇인지 고민했습니다. 그 과정에서 피부 관리의 가장 기본이 자외선 차단이며, 선크림이 피부 건강을 지키는 핵심 제품이라는 사실을 깨달았습니다.

이러한 깨달음은 곧 새로운 도전으로 이어졌습니다. 선크림에 포함된 일부 성분들이 해양 생태계에 심각한 위협이 된다는 과학적 사실을 접하게 된 것입니다. 어린 시절 바닷가에서 뛰어놀며 보냈던 순간들이 떠올랐고, 그 푸른 바다와 우리가 지켜야 할 생태계가 화장품으로 인해 위협받고 있다는 사실에 마음이 무거워졌습니다. 이는 화장품 전문가이자 바다를 사랑하는 한 사람으로서 나에게 큰 도전 과제가 되었습니다.

2018년, 하와이 주 정부의 획기적인 결정은 이러한 문제의 심각성을 더욱 부각시켰습니다. 하와이는 특정 화학 성분이 포함된 자외선 차단제의 판매를 전면 금지하는 법안을 통과시켰습니다. 과학적 연구 결과에 따르면, 이러한 화학 성분들이 해수에 녹아 산호초를 백화시키고 결국 죽음에 이르게 한다는 것이 입증되었기 때문입니다.

바다가 고향인 저는 산호초가 단순한 자연물이 아닌, 한 지역의 문화와 삶의 일부라는 것을 이해하게 되었습니다. 매일 수천 명의 관광객이 사용하는 선크림이 이러한 소중한 자연 유산을 파괴한다는 사실은 나에게 깊은 책임감을 안겨주었습니다.

이러한 경험들은 나에게 명확한 목표를 제시했습니다. 인류의 피부 건강을 지키면서도 해양 생태계를 보호할 수 있는, 진정한 의미의 '착한' 선크림을 개발하는 것이었습니다. 이는 단순한 제품 개발을 넘어, 우리가 직면한 환경 문제에 대한 책임 있는 해결책을 제시하는 일이었습니다.

닥터올가는 2년간 수많은 국내외 제조사들과 긴밀한 협력 관계를 맺고, 수백 번의 제품 개발과 임상 테스트를 진행했습니다. 연이은 실패와 좌절 속에서도 피부 건강과 환경보호를 모두 지키겠다는 초심을 잃지 않았고, 마침내 2019년 4월, 산호초를 파괴하는 유해 성분을 완전히 배제하고 자연 유래 성분만으로 만든 100% 무기 자외선 차단제 개발에 성공했습니다.

이러한 노력은 곧 빛을 발하기 시작했습니다. 2019년 6월, 닥터올가의 선크림은 국내 최고 권위의 뷰티 프로그램인 CJ ENM '겟잇뷰티'에서 주목할 만한 성과를 거두었습니다. 까다로운 과학적 검증 과정과 소비자 평가단 임상실험에서 뷰라벨 1위를 차지하며 "착한 선크림"으로 인정받았습니다. 이는 닥터올가가 자연과 고객의 건강을 최우선으로 생각하는 진정성 있는 화장품 브랜드로 도약하는 결정적인 계기가 되었습니다.

닥터올가는 화장품 그 이상의 가치를 추구합니다. 우리는 피부 건강을 지키는 동시에 지구의 미래까지 생각하는 책임감 있는 브랜드로 거듭나고자 했습니다. 이를 위해 화학 성분 대신 자연 유래 성분을 적극 활용하고, 재활용 가능한 친환경 패키지를 도입했으며, 생명 존중의 가치를 실천하기 위해 동물실험을 전면 배제했습니다.

닥터올가 브랜드 "올가"는 온 가족 3대가 믿고 편안하게 사용할 수 있는 피부 건강을 위한 의미도 함께 담고 있습니다. 자연의 생명력을 담은 안전한 성분으로, 안심하고 사용할 수 있는 화장품을 만들겠다는 우리의 약속입니다.

사업 초기에는 수많은 시행착오와 좌절을 겪었지만, 그 과정에서 우리는 한 가지 진리를 발견했습니다. 진정성을 담아 만든 제품은 반드시 고객의 마음에 닿는다는 것입니다.

가끔 누군가 묻습니다.
"사업이 어려울 때 어떻게 버티셨나요?"

저는 이렇게 대답합니다.

"브랜드는 돈이 아닌 마음입니다.

흔들리지 않는 마음이 있다면 언제든 다시 일어설 수 있습니다."

닥터올가는 단순한 화장품 브랜드가 아닌, 제 인생의 모든 경험과 가치가 녹아있는 결정체입니다. 세차장에서 배운 성실함, 방문판매에서 얻은 소통의 지혜, IMF를 이겨낸 가족의 힘 등 모든 것이 닥터올가의 DNA가 되었습니다.

우리는 '자연과 함께 성장하는 뷰티'라는 확고한 철학으로 나아갈 것입니다. 해양 생태계를 보호하는 제품 개발, 고객의 피부 건강을 최우선으로 하는 진정성 있는 소통, 그리고 환경과 함께하는 지속 가능한 성장, 이것이 닥터올가가 추구하는 미래입니다.

닥터올가는 자연과 고객이 함께 만들어가는 아름다운 이야기입니다. 이는 단순한 기업의 성장 스토리가 아닌, 자연을 생각하는 새로운 뷰티 패러다임입니다. 저는 이 길이 옳다고 믿습니다. 그리고 이 믿음으로, 닥터올가는 단순히 이윤을 추구하는 기업이 아닌, 인류의 건강한 아름다움과 지구의 지속 가능성에 기여하는 진정한 가치 기업으로 성장해 나갈 것을 약속드립니다.

새로운 시작 2

K-뷰티의 새로운 기준,
100 선크림의 선언

우리는 해외 뉴스를 통해 충격적인 사실을 알게 되었습니다. 많은 선크림 속 특정 성분이 바다의 산호초를 파괴하고 있었던 것입니다. 하와이와 팔라우는 이미 해당 성분이 포함된 선크림의 판매를 금지하고 있었습니다.

그때 저는 깨달았습니다.
"피부를 지키자고 만든 화장품이 오히려 바다의 생명을 위협한다니, 반드시 바꿔야 한다."

닥터올가는 옥시벤존, 옥티녹세이트 등 산호초 파괴 성분을 과감히 배제했고, 2019년 2월 국내 최초로 리프

100 선크림

세이프(Reef Safe) 심벌마크를 도입해 제품을 출시했습니다.

이 심벌은 단순한 표시가 아닌, 닥터올가가 세상에 던진 선언이었습니다. 낯설었던 이 선택은 점차 업계의 변화를 이끌었고, 많은 브랜드와 제조사가 동참하며 K-뷰티 선크림의 새로운 기준이 되었습니다.

닥터올가의 '100 선크림'은 단순한 자외선 차단제가 아니었습니다. 우리는 처음으로 산호초를 지키는 선택을 했습니다. 많은 이들이 물었습니다.

"그 선택이 과연 얼마나 가치가 있을까?"
가치는 매출만으로 환산되지 않습니다. 하지만 숫자로 표현될 때 그 의미가 더욱 분명해집니다. '100 선크림'이 만들어낸 변화는 피부 보호를 넘어, 산호초라는 미래 자산을 지키는 일이었습니다.

과학자들은 경고합니다. 현재 추세가 지속된다면 2050년까지 전 세계 산호초의 80%가 소멸할 수 있습니다. 이는 단순히 바다 생태계의 손실을 넘어 인류 생존을 위협하는 문제입니다. 기후 온난화의 징후는 이미 2025년 현재 우리가 체감하고 있습니다.

저는 2018년 산호초 파괴 뉴스를 접한 후 충격을 받고, 새로운 선크림 개발에 도전했습니다. 그리고 마침내 '100 선크림'을 세상에 선보일 수 있었습니다. 작은 인디 브랜드의 선택이었지만, 그것이 지구 환경에 의미 있는 기여가 되었다는 사실이 큰 보람으로 남습니다.

닥터올가는 믿습니다.
작은 실천이 모여 기업의 성장과 인류 사회의 기여로 이어진다는 것을. 그래서 우리는 앞으로도 멈추지 않고 도전할 것입니다.

2019년 6월, CJ ENM '겟잇뷰티'에서 닥터올가의 진정성이 빛을 발했습니다. 화려한 광고나 대규모 마케팅 없이도, '100 선크림'은 무기자차 자외선 차단제 카테고리에서 뷰라벨 1위를 차지했습니다.

당시 화장품 업계는 환경 보호와 제품 효능을 동시에 고려하는 인식이 부족했습니다. 그러나 닥터올가는 오직 제품의 본질과 철학으로 전문가와 소비자의 신뢰를 얻었습니다. 그 순간은 단순한 영광이 아닌, 닥터올가가 세운 기준이 세상에서 인정받은 전환점이었습니다.

닥터올가의 '100 선크림'은 단순한 제품이 아닙니다. 자연을 지키고, 사람을 배려하며, 신뢰를 지킨 세 가지 약속이 만들어낸 결과물이었습니다.

그 가치는 100억 원 이상의 성과로 표현할 수 있습니다. 하지만 진정한 의미는 숫자를 넘어섭니다. 만약 우리가 산호초 파괴 성분을 그대로 사용했다면, 오늘의 K-뷰티는 세계 시장에서 신뢰받지 못했을 것입니다.

'100 선크림'은 한국 화장품 산업이 환경과 사회에 긍정적인 영향을 줄 수 있다는 가능성을 보여주었습니다. 이제 K-뷰티는 단순히 아름다움을 전하는 산업을 넘어, 지구와 인류의 미래를 함께 책임지는 문화로 발전해야 하는 소명의 시대에 서 있습니다.

—•◦• **새로운 시작 3** •◦•—

신뢰를 바르다,
캐나다 클린뷰티
선크림 1위

K-뷰티는 이제 단순한 화장품 산업을 넘어 세계가 주목
하는 문화이자 신뢰의 상징이 되었습니다. 그러나 신뢰
는 유리와 같아서 한 번 깨지면 회복하기 어렵습니다.

2021년 SPF 조작 사태는 업계를 뒤흔들며 소비자들의
마음에 큰 상처를 남겼습니다. 광고는 "완벽한 자외선
차단"을 외쳤지만, 현실은 기준 미달이었습니다. 소비
자들은 "선크림을 과연 믿을 수 있는가?"라는 깊은 의
문을 품게 되었습니다.

그 무렵 닥터올가도 발림성이 좋은 유기자차 선크림 개발을 준비하고 있었습니다. 더 부드럽게, 더 쉽게 바를 수 있으면 좋겠다는 소비자의 요구에 귀 기울이며 연구하던 중에 한 제조사로부터 "발림성을 높이는 일부 처방은 자외선 차단 기능이 불완전할 수 있다"는 충격적인 이야기를 들었습니다.

우리는 이를 직접 확인하기 위해 시중 제품들을 구입하여 외부 실험기관에 검증을 의뢰했습니다. 결과는 예상보다 훨씬 심각했습니다. 많은 제품들이 기준을 충족하지 못했고, 이는 단순한 실수가 아니라 산업 전반의 구조적 문제였습니다.

이 사건은 우리에게 질문을 던지게 했습니다.
"우리는 왜 이 제품을 만드는가?"
그때부터 닥터올가는 스스로의 기준을 다시 세웠습니다.

"성분을 숨기지 말자"
"기능을 과장하지 말자"
"고객에게 솔직하게 설명하자"

이 원칙은 단순한 제품 규격이 아니라, 가족과 자연, 그리고 지구를 지키는 우리의 약속이 되었습니다.

프리미엄 톤업 선크림

그 결과, 닥터올가 프리미엄 톤업 선크림은 2023년 캐나다 클린뷰티 어워드 SunCare 부문 1위를 수상했습니다. 까다로운 심사 기준과 글로벌 경쟁 브랜드 속에서, '정직함'과 '신뢰'라는 가치가 해외 시장에서도 인정받은 순간이었습니다.

우리는 깨달았습니다.

"정직함은 느리지만, 결국 진심은 통한다"는 것을.

타협했다면 지금의 닥터올가는 없었을 것입니다. 고집스럽게 원칙만을 고수했다면 외면받았겠지만, 진정성과 유연함의 조화를 통해 고객의 공감을 얻을 수 있었습니다.

진심에 유연함을 더할 때 브랜드는 살아남습니다.

선크림은 단순한 화장품이 아닙니다. 매일 피부에 바르

는 것은 자외선 차단제가 아니라 신뢰입니다. 고객과의 약속, 지구와 나를 함께 지키는 다짐입니다.

오늘도 우리는 그 약속을 지킵니다.
"닥터올가는 선크림에 신뢰를 담았습니다."

─●◦ 새로운 시작 4 ◦●─

착한 성분과 사용감,
둘 다 잡다

화장품 업계에는 오랫동안 하나의 고정관념이 존재해 왔습니다. "착한 성분을 사용하면 사용감이 떨어진다" 는 것입니다. 이는 단순한 편견이 아닌, 수많은 제품 개발 과정에서 반복적으로 확인된 현실이기도 했습니다. 하지만 닥터올가의 '100 선크림'은 이 불가능해 보이던 벽을 허물며 업계에 새로운 이정표를 세웠습니다.

우리는 여기에서 혁신을 멈출 수 없었습니다. 소비자들의 기대치는 나날이 높아졌고, 이제는 성분의 안전성은 기본이며 피부에 부드럽게 발리고 끈적임 없는 완벽한 사용감까지 요구하기 시작했습니다. 브랜드의 성장과 함께 더욱 까다로워진 고객들의 기준 앞에서, 닥터올가는 '착한 성분'과 '우수한 사용감'이라는 두 마리 토끼를 잡아야 하는 도전적인 과제와 마주하게 되었습니다.

우리는 단순히 자연 성분을 사용하는 것에서 한 걸음 더 나아가기로 했습니다. 성분의 안전성과 효과를 과학적으로 입증하고, 피부 친화도를 높이는 것이 우리의 새로운 도전이었습니다. 이는 단순한 성분 선택의 문제가 아닌, 제품의 본질적 가치를 높이는 과정이었습니다.

첫 단계로 제품의 성분 구성을 전면적으로 재검토했습니다. EWG 그린 등급의 안전한 성분만을 엄선하고, 국내외 성분 안전 기준을 충족하는 새로운 성분을 발굴했습니다. 그러나 현실의 벽은 높았습니다. 안전성에 중점을 둔 제품은 질감이 무겁고 백탁 현상이 나타났으며, 소비자 테스트에서도 "성분은 믿을 수 있지만, 실제 사용감이 아쉽다"는 평가가 이어졌습니다.

'피부에 좋으면서도 잘 발리는 텍스처'라는 도전 과제는 단순한 기술적 문제가 아닌, 우리의 브랜드 철학을 시험하는 것이었습니다.

브랜드사와 제조사는 자연 유래 성분의 장점을 살리면서도 소비자가 만족할 만한 사용감을 구현하기 위해 수백 번의 실험과 실패를 거듭했습니다.

하루에도 수십 가지 샘플을 만들어 테스트하고, 0.1%의 미세한 함량 차이가 가져오는 변화를 관찰하며 연구소와 끊임없이 소통했습니다.

닥터올가는 설립 초기부터 고객의 목소리를 제품 개발의 나침반으로 삼아왔습니다. 톤업 선크림 역시 수백 명의 체험단을 구성하여 실제 사용 경험과 피드백을 수집했고, 이를 바탕으로 제품의 완성도를 높여갔습니다.

우리는 체험단의 의견을 단순히 수집하는 데 그치지 않았습니다. 성분의 안전성은 절대 타협하지 않되, 발림성과 촉촉함을 극대화하기 위해 제형을 세심하게 조정하고 각 성분의 함량을 미세하게 조절하는 과정을 반복했습니다. 이러한 끈질긴 노력 끝에 "성분도 믿을 수 있고, 사용감도 탁월하다"는 평가를 받기 시작했고, 온라인과 오프라인 쇼핑몰에서도 높은 만족도를 기록했습니다.

시장의 현실은 냉혹했습니다. 아무리 좋은 성분이라도 사용감이 떨어지면 소비자들은 외면한다는 사실을 직시하게 되었습니다. 이에 우리는 일시적인 트렌드를 좇기보다 장기적 관점에서 신뢰를 쌓아가기로 했습니다. 100 선크림의 성공 경험을 바탕으로, 더 높은 목표를 향해 나아가는 과정이었습니다.

이 과정에서 우리는 '성분'과 '사용감'이 서로 대립되는 가치가 아님을 깨달았습니다. 이는 오히려 브랜드가 함께 해결해야 할 '공존의 과제'였습니다. 화장품은 결국 피부에 직접 닿는 제품이기에, 아무리 뛰어난 성분이라도 소비자의 실질적인 만족이 없다면 의미가 없기 때문입니다.

고객의 신뢰를 저버리지 않겠다는 진정성, 그리고 수많은 시행착오 속에서 배운 겸손한 자세가 닥터올가를 지금까지 이끌어왔습니다. "완벽함은 작은 디테일에서 완성된다"는 레오나르도 다빈치의 말처럼, 진정한 브랜드 가치는 결국 세세한 부분에 쏟는 정성에서 드러납니다.

닥터올가의 건강한
세안 철학

세안은 피부 회복의 첫 단계이자 가장 중요한 기초입니다. 많은 브랜드들이 세안 제품을 단순한 세정제로만 여기지만, 닥터올가는 피부 건강의 시작점이라는 더 큰 가치를 부여합니다. 우리는 **민감한 피부 고민을 근본적으로 해결하기 위해서는 '올바른 성분'과 '건강한 세안'이 핵심이라고 믿습니다.**

이러한 철학을 바탕으로, 우리는 피부에 안전하고 편안한 내추럴 오가닉 성분만을 엄선하여 사용합니다. 특히 민감성 피부를 가진 분들도 안심하고 사용할 수 있도록, 성분 하나하나를 세심하게 검토하고 연구하여 제품 개발에 임해왔습니다. 페이스 세안부터 헤어·바디 클렌

징까지, 모든 제품의 성분 함량을 투명하게 공개하며 소비자와의 신뢰를 쌓아왔습니다.

세안은 단순한 일상이 아닌, 하루 종일 외부 자극과 싸워온 피부가 회복을 시작하는 소중한 의식입니다. 닥터올가는 이러한 철학을 바탕으로, 엄선된 자연 유래 성분과 피부 친화적인 약산성 포뮬러를 사용하여 자극은 최소화하고 세정력은 극대화한 제품을 개발해 왔습니다. 특히 신생아의 연약한 피부에도 안심하고 사용할 수 있을 만큼 순한 처방을 고집했습니다.

세안 제품 개발 초기에는 "높은 제조 원가로 인해 시장 경쟁력이 떨어질 것"이라는 우려의 목소리가 있었습니다. 하지만 닥터올가는 민감성 피부를 가진 소비자들이 스킨케어의 첫 단계로 선택하는 제품이 바로 세안제라는 점에 주목했고, 이것이 브랜드 신뢰도를 결정짓는 핵심 요소라고 확신했습니다.

닥터올가 호호바 티트리 샴푸는 화해(화장품 성분·리뷰 해석 앱) 플랫폼에서 4년 연속 1위를 차지했으며, "명예의 전당" 제품으로 선정되었습니다.

2024년 닥터올가 호호바 티트리 샴푸는 TOP of TOP 온 가족템으로 선정되었으며, 구독자 100만 명의 유명 뷰티 유튜버로부터 온 가족이 함께 사용할 수 있는 제품으로 소개되었습니다.

우리는 단순한 제품군 확장을 넘어 더 본질적인 가치를 추구했습니다. 피부 장벽을 지키고 지친 피부에 새로운 생명력을 불어넣는 '진정한 피부 힐링'을 담은 제품을 만들고자 했습니다. 이러한 우리의 진심 어린 노력은 시간이 흐르며 결실을 맺었고, 헤어·바디 제품으로 시작된 고객들의 신뢰는 자연스럽게 페이스 클렌징 라인 전체로 이어졌습니다.

화려한 광고나 과장된 홍보 없이도, "민감성 피부도 안심하고 사용할 수 있다"는 진정성 있는 고객 후기들이 우리의 든든한 자산이 되었습니다. 특히 "아이의 피부 트러블이 해결되어 정말 감사합니다"라는 한 고객의

호호바 티트리 샴푸

짧은 피드백은, 우리의 제품이 단순한 세정제를 넘어서 누군가의 삶에 의미 있는 변화를 가져다주었음을 깨닫게 해주었습니다.

우리는 '바르는 것보다 지우는 것이 피부 건강의 시작'이라는 확고한 신념을 가지고 있습니다. 좋은 피지는 보호하면서도 유해한 환경 오염물질과 메이크업 잔여물은 효과적으로 제거하는 것, 이것이 바로 우리가 추구하는 이상적인 세안의 모습입니다.

닥터올가는 자외선 차단제 100 선크림으로 시작해 피부 보호의 중요성을 알리던 브랜드입니다. 이제는 한 걸음 더 나아가 피부 회복까지 책임지고자 합니다. 세안 후에도 자극이 남지 않도록 자연 유래 성분을 최대한 함량으로 담았으며, 환경에 쉽게 분해되는 친환경 포뮬러를 적용했습니다. 이는 피부 건강과 환경 보호라는 두 가치를 동시에 실현하고자 하는 우리의 진정성 있는 노력입니다.

클렌징은 단순히 피부를 씻어내는 행위가 아닙니다. 이는 피부 건강을 위한 가장 기본적이면서도 핵심적인 루틴이며, 장기적 관점에서 가장 현명한 투자입니다. 화장품이 세상을 향한 우리의 자신감 있는 표현 수단이라면, 좋은 세안제는 하루종일 외부 자극과 싸워온 피부에게 건네는 따뜻한 위로이자 재생의 시작점입니다.

"건강한 피부는 좋은 세안 습관에서 시작된다"

닥터올가는 오늘도 더 순하고 정직한 세안 제품을 만들기 위해 모든 정성을 다합니다. 당신의 피부가 가장 편안하고 건강한 시간과 만날 수 있도록, 우리는 결코 멈추지 않을 것입니다.

새로운 시작 6

닥터올가 베이비,
바보 같은 도전

화장품 시장에는 수많은 브랜드가 있지만, 닥터올가는 그들과는 다른 길을 걸어왔습니다. 우리는 자연과 함께 하는 건강한 피부를 위한 철학을 바탕으로 진정한 내 추럴 오가닉 브랜드를 향해 한 걸음씩 나아갔습니다. 그리고 2017년, 수년간의 연구와 경험을 통해 한 가지 중요한 확신에 이르렀습니다.

"가장 연약한 아기 피부에 가장 안전한 제품을 만들 자."

이 사명감을 가지고 우리는 엄마의 마음으로 모든 성분을 하나하나 분석하고 철저히 연구했습니다. 그 결과 거의 완벽 수준의 자연 유래 성분으로 구성된 베이비 4종 제품군을 자신 있게 선보였습니다. 하지만 안타깝게도 우리의 첫 도전은 실패로 돌아갔습니다.

우리는 '좋은 성분으로 만든 제품은 자연스럽게 고객의 선택을 받을 것'이라 믿었습니다. 하지만 이는 너무나 순진한 생각이었습니다. 아무리 뛰어난 제품이라도 그 가치를 효과적으로 전달하지 못한다면, 시장에서 살아남을 수 없다는 냉혹한 현실을 깨닫게 되었습니다.

더구나 당시는 저출산으로 인해 영유아 제품 시장이 급격히 위축되던 시기였습니다. 이런 상황에서 새로운 브랜드가 성공적으로 안착하기 위해서는 제품의 우수성뿐만 아니라, 차별화된 브랜드 스토리와 마케팅 전략이 필수적이었습니다. 그러나 우리는 이러한 시장의 흐름을 제대로 읽지 못했고, 결국 우수한 품질의 제품임에도 불구하고 시장의 외면을 받아 폐기해야만 했습니다.

하지만 우리는 포기하지 않았습니다. 진정한 내추럴 오가닉 브랜드로서, 아기 제품은 단순한 사업 아이템이 아닌 우리의 존재 이유였기 때문입니다.

가장 연약한 아기의 피부를 지키는 것이야말로 우리가 추구하는 핵심 가치의 완성이었습니다.

그 확신을 바탕으로, 2021년 닥터올가는 새로운 도전을 시작했습니다. 이번에는 제품의 우수성을 입증할 수 있는 객관적인 인증과 효과적인 마케팅 전략을 함께 준비했습니다. 성분 안전성은 물론 피부 자극 테스트, 글로벌 비건 인증, 클린뷰티 인증으로 제품의 가치를 입증했고, 차별화된 브랜드 전략도 체계적으로 수립했습니다.

수없이 많은 연구와 검증을 거쳐 "우리 아이에게 이것만큼은 자신 있게 추천할 수 있다"라고 엄마의 마음으로 확신할 수 있을 때까지 노력했고, 마침내 '엔젤리노' 시리즈 3종을 선보였습니다. 자연 유래 성분 99% 이상을 함유한 제품을 개발하는 놀라운 성과를 이루어 냈습니다.

특히 이 제품은 일반적인 정제수 대신 피부 진정과 보습에 탁월한 카렌듈라 추출물을 주성분으로 사용했습니다. 하지만 시장의 반응은 차가웠습니다.

매출 부진으로 우리는 다시 한번 쓰라린 실패를 맛보았습니다.

"나는 바보인가?"

그러나 닥터올가는 포기하지 않았습니다. 우리는 제품의 본질적 가치를 굳게 믿었고, 더 현명한 전략이 필요하다는 것을 깨달았습니다. 2023년, 우리는 출시된 제품 중 가장 차별성이 높은 카렌듈라 수딩젤에 모든 역량을 집중하기로 했습니다. 99%의 자연 유래 성분으로 안전성과 효과성을 모두 갖춘 대표작이었기 때문입니다.

그리고 마침내 2024년 3월, 기회가 찾아왔습니다. 100만 구독자를 보유한 유명 뷰티 유튜버가 맘&베이비 TOP of TOP 수딩젤을 극찬하면서 상황이 급변했습니다. 입소문을 타자 판매량이 급증했고, 고객들의 긍정적인 후기가 이어지면서 우리는 다시 한번 희망을 발견했습니다.

그러나 기쁨도 잠시, 베이비 제품의 특성상 짧은 유통

기한으로 인한 재고 관리의 어려움에 직면했습니다. 수많은 고민 끝에 2024년 10월, 우리는 아쉬운 마음을 안고 베이비 제품의 단종을 결정했습니다.

"이제야 찾은 우리 아이 제품인데, 꼭 다시 출시해 주세요."

"닥터올가 제품이 아니면 우리 아이 피부가 불안해요."

단종 소식을 접한 고객들의 간절한 목소리가 쏟아졌습니다. 이러한 고객들의 진심 어린 요청은 우리의 마음을 움직였습니다.

"수익성보다 가치를 선택하자."

우리는 오랜 숙고 끝에 새로운 결단을 내렸습니다. 단 한 명의 아이라도, 안전하고 건강한 피부를 위해 우리 제품을 필요로 한다면 그 믿음에 보답해야 한다고 믿었기 때문입니다. 즉시 제조사와 부자재 업체를 설득해 생산 일정을 조정했고, 재출시를 위한 준비에 착수했습니다.

고객들의 불안을 덜어드리고자 선주문 시스템을 도입

했으며, 생산부터 배송까지의 과정을 최적화했습니다.
그리고 마침내 2025년 1월, 많은 분들의 기대 속에 베이비 제품이 다시 시장으로 돌아왔습니다. 수익보다 가치를 선택한 이 도전은, 결과적으로 우리에게 가장 의미 있는 성과가 되었습니다.

수익과 손익을 앞세운 계산적인 판단이 아닌, 고객을 향한 진심과 제품의 본질적 가치를 지키려는 의지가 진정한 성공의 열쇠라는 것을. 세 번의 좌절 그리고 다시 시작된 도전을 통해 우리는 더욱 단단해졌습니다.

닥터올가는 앞으로도 '가장 연약한 피부를 위한 가장 안전한 제품'이라는 우리의 사명을 끝까지 지켜나갈 것입니다. 때로는 비효율적이고 바보 같아 보일지라도, 우리는 믿습니다. 진정성 있는 도전만이 세상을 더 나은 곳으로 만들 수 있다는 것을 확신합니다.

"신뢰는 글로벌 시장에서 우리가 얻을 수 있는
최고의 자산입니다."

제 4 장

비지니스
본질을 고민하다

●»● 비지니스 본질 1 ●◈●

산호초를 지키는 선크림,
닥터올가의 시작이 되다

닥터올가의 시작점은 선크림이었습니다. 어린 시절 바닷가에서 강렬한 햇빛을 맞으며 자랐고, 군 복무 시절에는 원예 업무를 하며 뜨거운 태양 아래에서 많은 시간을 보냈습니다. 이러한 경험들과 오랜 동안 화장품 유통업에 종사하며 수많은 제품을 접해온 경험을 통해, 저는 피부 건강을 지키는 데 있어 선크림이 가장 핵심적인 제품이라는 확신을 갖게 되었습니다.

이러한 확신은 곧 깊은 고민으로 이어졌습니다. 선크림의 화학성분이 해양 생태계에 미치는 악영향을 알게 되면서, 우리는 인체와 자연 모두에 이로운 제품을 만들어야 한다는 사명감을 갖게 되었습니다. 이것이 닥터

141

올가의 근간이 되었고, 그 첫 결실이 해양 생태계를 보호하는 친환경 자외선 차단제였습니다.

저는 전라남도 완도의 작은 섬, 고금도에서 태어나고 자랐습니다. 푸른 바다와 함께한 어린 시절, 김과 전복이 풍부한 청정 해역에서 자연의 숨결을 느끼며 성장했습니다. 특히 장보고 대사의 유적지를 오가며, 그분이 해상 무역을 통해 신라의 문화를 세계에 알렸던 위대한 발자취를 가슴 깊이 새겼습니다. 바다는 제게 단순한 고향을 넘어 꿈과 영감의 원천이 되었습니다.

이러한 개인적 경험은 자연스럽게 환경 보호에 대한 강한 의지로 이어졌습니다. 특히 2018년 5월, 하와이에서 특정 화학성분이 포함된 자외선 차단제의 유통을 제한하는 법안이 통과된 것은 큰 전환점이었습니다. 이는 화장품이 해양 환경에 미치는 영향에 대해 세계적으로 경각심을 일깨웠고, 우리는 이를 기점으로 "환경을 생각하는 선크림" 개발에 본격적으로 착수하게 되었습니다.

이는 고향에서 영감을 받은 해상왕 장보고 장군의 도

전 정신과 맞닿아 있었습니다. 1200년의 시간을 뛰어 넘어 그분의 정신을 이어받아, K-뷰티를 통해 대한민국의 새로운 문화를 세계에 알리고자 하는 열망으로 발전했습니다. 고향의 청정 바다를 기억하며 전통 김 양식 체험 공간을 만들겠다는 꿈을 품었고, '발장김'이라는 상표도 등록했습니다. 깨끗한 바다에서 자란 김을 지키듯, 바다 생태계를 보호하는 선크림을 만드는 것은 제게 자연스러운 사명이 되었습니다.

닥터올가는 자연 친화적인 선크림 개발을 위해 국내외 내추럴·오가닉 화장품 제조사들과 협력을 시도했습니다. 그러나 논나노 무기자차 성분을 사용하면서도 백탁 현상을 최소화하고, 20가지 주의 성분과 식약처 지정 25가지 알레르기 유발 성분을 모두 배제하는 것은 기술적으로 큰 도전이었습니다. 대부분의 제조사들은 개발의 어려움을 이유로 협력을 거절했습니다.

하지만 기회는 뜻밖의 장소에서 찾아왔습니다. 한 유기 농·친환경 매장에서 발견한 산호초 친화적 선크림이었습니다. 면밀한 성분 분석 결과, 이 제품은 우수한 발림 성과 함께 까다로운 국내 소비자들의 기준까지 충족시키는 것으로 확인되었습니다. 우리는 즉시 해당 제조사를 찾아 나섰고, 마침내 닥터올가의 환경 보호 철학에 깊이 공감하는 파트너를 만날 수 있었습니다.

개발 과정은 순탄치 않았습니다. 첫 미팅에서 우리의 비전을 공유했고, 얼마 후 도착한 1차 샘플은 기대했던 품질에 미치지 못했습니다. 개발팀과의 직접적인 소통을 통해 2차 샘플을 개발했고, 이는 70%의 완성도를 달성했습니다. 연구소장의 "최고의 착한 성분으로 만들어보자"는 제안으로, 우리는 100% 자연 유래 성분이라는 더 높은 목표를 설정했습니다.

그러나 완성을 목전에 두고 예상치 못한 문제가 발생했습니다. 천연 유화제 사용으로 인한 제형 분리와 백탁 현상이었습니다. 이는 제품의 안정성과 직결되는 심각한 과제였습니다. 우리는 이 문제에 대해 솔직함을 선택했습니다. 천연 유화제 사용으로 인한 성분 분리 가능성을 제품에 명확히 표기하기로 한 것입니다.

이러한 진정성 있는 노력 끝에 탄생한 것이 '논나노 무기자차 100 선크림'입니다. 개발 담당자의 제안으로 탄생한 '100 선크림'이라는 이름은 100% 자연 유래 성분이라는 제품의 핵심 가치를 담아내며, 동시에 닥터올가의 환경 보호 철학을 상징하는 의미 있는 이름이 되었습니다.

"착한 소비가 더 나은 세상을 만든다"

닥터올가는 제 삶의 철학과 가치가 온전히 담긴 브랜드입니다. '오가니즘'은 진정한 의사인 자연을, '올가'는 순수한 오가닉을 의미하며, 이 두 단어의 결합인 '닥터올가'는 자연과 인간의 조화로운 공존이라는 깊은 의미가 담겨있습니다. 우리는 엄선된 천연 성분으로 온 가족이 안심하고 사용할 수 있는 화장품을 만들며, 이를 통해 건강한 아름다움의 새로운 기준을 제시하고자 합니다.

끊임없는 도전과 실패 속에서도 긍정적인 마음과 겸손한 배움의 자세를 잃지 않았습니다. 매 순간의 시행착오는 더 나은 제품을 만들기 위한 소중한 경험이 되었고, 이러한 진정성 있는 노력들이 닥터올가의 정체성이 되었습니다. 우리가 걸어온 길 하나하나에는 더 나은 미래를 향한 확고한 신념이 깃들어 있습니다.

닥터올가는 화장품 판매를 넘어서 환경과 인류의 지속
가능한 공존을 추구합니다. 우리는 착한 소비를 실천하
며 사회적 책임을 다하는 브랜드로 성장할 것입니다.
이것이 닥터올가가 추구하는 진정한 아름다움의 가치
이며, 우리가 만들어갈 미래입니다.

비지니스 본질 2

닥터올가는 어떤 브랜드를 꿈꾸는가?

닥터올가의 시작은 아주 작은 가족 화장품 유통이었습니다. 그저 생계를 이어가기 위한 선택이었지만, 시간이 흐르며 닥터올가는 더 큰 꿈을 품게 되었습니다. 그꿈은 바로 우리 가족의 3대에 이어진 사랑으로, 고객 가족 3대의 피부 건강을 지키는 브랜드가 되는 것이었습니다.

아이들을 돌봐주시며 사업을 지원해 주신 장인·장모님의 사랑과 희생, 그리고 주말에도 회사의 허드레 일을 마다하지 않고 함께했던 아내와 자녀들의 가족 손길이 있었습니다.

147

3대가 함께 모여 화장품을 만들고 고민하던 그 시절은 위기와 고난이 더 많았지만, 지금 돌아보면 가장 따뜻하고 행복한 시간이었습니다. 우리 3대의 온 가족이 함께한 그 시간이 닥터올가의 뿌리가 되었습니다.

시간이 흐르며 우리는 스스로에게 질문을 던졌습니다.
"우리가 정말 만들고 싶은 화장품은 무엇일까?"
"내 아이와 아내, 부모님이 안심하고 쓸 수 있는 화장품은 없을까?"

이 질문은 곧 브랜드의 첫 원칙이 되었습니다. 내 가족이 안심하고 쓰지 못한다면, 고객에게도 권할 수 없다는 생각에서 가족의 피부 건강을 지키는 것이 닥터올가의 기준이었고, 이 원칙은 곧 고객의 신뢰로 이어졌습니다.

닥터올가가 세운 중요한 기준은 단순했습니다. 더하는 것보다, 뺄 것은 과감히 빼자는 용기가 필요했습니다. 화려한 마케팅이나 자극적인 효과보다 중요한 것은 '무엇을 넣지 않는가'였습니다. 그래서 아이부터 부모 세대까지, 온 가족이 함께 쓸 수 있는 화장품을 만들 수 있었습니다.

브랜드의 정체성을 세운다는 것은 곧 기업의 존재 이유를 찾는 일입니다. 우리는 단순히 좋은 제품을 만들고 매출을 올리는 것에서 멈추지 않았습니다.

"우리 브랜드가 세상에 어떤 영향을 미치는가?"

이것이 닥터올가의 여정에서 가장 중요한 질문이었습니다. 30년간 화장품 유통업에 몸담으며 우리는 분명한 사실을 깨달았습니다. 아무리 화려한 포장과 마케팅이 있어도, 결국 피부 건강을 좌우하는 것은 성분이라는 것을 확신했습니다.

순수하고 안전한 성분은 피부의 회복력을 살려 건강한 피부로 이끌어줍니다. 이것이 닥터올가가 추구하는 안심하고 사용할 수 있는 피부 친화적 브랜드 철학의 기초가 되었습니다. 한 팀원의 말이 우리에게 방향을 다시 잡아주었습니다.

"현재의 매출도 중요하지만,

10년 뒤에도 사랑받는 브랜드를 만드는 것이 더 중요하다."

지속가능한 브랜드를 만드는 길은 쉽지 않았습니다. 그러나 당장의 이익을 좇아 쉽게 가는 길을 택했다면, 결국 더 큰 난관을 맞이했을 것입니다.

그래서 닥터올가는 친환경 성분 개발, 포장재 개선, 생산 과정에서의 탄소 발자국 감소를 위해 꾸준히 도전했습니다. 시간과 비용이 많이 들었지만, 우리는 멈추지 않았습니다.

닥터올가는 자연, 사람, 환경, 지속가능성을 제품 개발의 중심에 두었습니다. 재활용 가능한 용기와 부자재, 특히 헤어·바디 라인에서는 국내에서 드물었던 PCR(재생 플라스틱) 용기를 과감히 도입했습니다. 생산 단가가 올라갔지만, 고객들은 "환경을 생각해줘서 고맙다. 그렇다면 닥터올가를 쓰겠다"는 응원으로 답해 주셨습니다.

"진정성은 결국 통한다.

느리더라도 바른 길을 가는 것이 멀리 가는 길이다."

닥터올가는 비건 & 클린뷰티 원칙을 최대한 실천하고 기능성 외에도 선도적인 발걸음을 내디뎠습니다. 전 성분을 색상별로 구분해 한눈에 안전성분과의 구별이 보이도록 표기하여 소비자에게 투명하게 공개했습니다. 이는 단순한 차별화가 아니라, 고객과의 신뢰 약속이었습니다.

"어린아이 때문에 성분을 꼼꼼히 따지는데, 닥터올가는 믿고 쓸 수 있어요." 한 젊은 엄마의 후기는 우리의 노력이 헛되지 않았음을 확인시켜 주었습니다. 우리는 언제나 자문합니다.

"왜 우리는 이 사업을 시작했는가?"

그 질문은 우리의 나침반이었습니다. 부족함을 인정하고, 끊임없이 배우며, 포기하지 않고 걸어온 길 끝에서 우리는 '고객 운명주의 경영'이라는 가치를 발견했습니다.

오직 고객만이 우리의 브랜드를 더 나은 길로 이끈다는 믿음입니다. 닥터올가가 말하는 지속가능성은 단순히 친환경적 실천에 머물지 않습니다. 그것은 우리의 일하는 방식, 소비자와의 소통, 사회적 책임까지 아우릅니다.

닥터올가는 진정성 있는 브랜드로서 고객의 삶에 의미 있는 변화와 더 나은 미래를 향해 흔들림 없이 도전하며 걸어갈 것입니다.

비지니스 본질 3

고객과 함께
성장하는 브랜드

닥터올가의 모든 제품은 고객운명주의 철학에서 시작
됩니다. 우리는 단 한 번도 고객을 단순한 '구매자'로
생각한 적이 없습니다. 고객은 우리의 운명을 결정하는
주체이자, 브랜드의 존재 이유이며, 제품 개발의 모든
과정에서 가장 중요한 '운명의 동반자'입니다.

브랜드의 첫 발걸음부터 우리는 단순한 시장 조사를
넘어서고자 했습니다. 자사몰 리뷰, SNS 후기, 고객센
터 문의 등 모든 채널을 통해 고객의 생생한 목소리에
귀 기울였습니다. 긍정적인 평가는 물론, 불편사항과
개선점을 지적하는 의견까지도 소중히 여기며 해결책
을 찾아 나갔습니다. 이러한 고객과의 직접적인 소통이

우리 제품 개발의 기준이 되었습니다.

하나의 제품이 탄생하기까지는 수십 차례의 회의와 끊임없는 테스트가 필요했습니다. 그 모든 과정의 중심에는 언제나 고객의 목소리가 있었습니다. 닥터올가의 '100 선크림'이 대표적인 사례입니다. 출시 당시 시장에는 '착한 성분'과 '불편한 사용감'이 동의어처럼 여겨졌습니다. 하지만 우리는 고객이 원하는 것이 단순히 좋은 성분만이 아니라는 것을 알고 있었습니다.

고객들은 '백탁 현상 없는 자연스러운 발림성', '아이들도 안심하고 사용할 수 있는 안전성', '여름철에도 밀리지 않고 산뜻한 마무리감' 등 구체적인 니즈를 전달해 주었습니다. 우리는 이러한 세세한 요구사항 하나하나를 충족시키기 위해 끊임없이 연구했습니다.

제품 출시 이후에도 제품 발전은 계속되었습니다. 고객리뷰를 꼼꼼히 분석하여 만족도가 낮은 부분을 찾아내고, 개발팀과 긴밀히 협력하여 개선점을 도출했습니다. 고객의 불만족스러운 경험은 오히려 브랜드 성장의 원동력이 되었습니다. 이러한 과정을 통해 제품의 기능성은 물론, 패키지 디자인과 용기의 실용성까지 한 단계 높일 수 있었습니다.

고객들은 제품의 세세한 부분까지 놓치지 않고 피드백을 주었습니다. '뚜껑의 개봉감이 제품의 완성도를 좌우한다'는 의견과 '펌프가 부드럽게 작동하지 않는다'는 구체적인 불만사항을 접수했습니다. 닥터올가는 이러한 목소리에 귀 기울여 위생과 안전성을 고려한 새로운 부자재로 전면 교체를 진행했습니다.

또한 '용기에 남는 잔량이 아깝다'는 고객의 솔직한 피드백을 받아들여, 헤어·바디 제품의 구조를 개선했습니다. 기존의 펌프 방식 대신 프레스 캡 방식을 도입하고 친환경 용기를 새롭게 개발했습니다. 이는 상당한 비용과 시간이 소요되는 도전이었지만, 고객 만족을 위해 꼭 필요한 투자였습니다.

이처럼 한 고객의 작은 불편 제기가 전체 제품의 품질을 한 단계 끌어올리는 계기가 되었습니다. 닥터올가는 온라인 전문 브랜드로서 축적해온 수많은 고객 리뷰와 문의를 소중한 자산으로 여기며, 이를 통해 고객과의 협업이 단순한 제품 기획을 넘어 브랜드의 성장 동력이 되었음을 확인할 수 있었습니다.

고객의 소중한 피드백은 우리의 제품 철학을 이끄는 나침반이 되었습니다. 내추럴 오가닉 성분을 우선시하는 원칙과 끊임없는 사용성 개선에 대한 집념은 모두 고객들의 진심 어린 목소리에서 비롯되었습니다.

닥터올가는 고객과의 관계를 단순한 소비를 넘어선 신뢰의 여정으로 생각합니다. 우리는 고객과 브랜드 사이의 경계를 허물고, 함께 가치를 만들어가는 동반자가 되고자 노력해왔습니다. 이러한 여정을 함께해 주신 모든 고객님들께 깊은 감사를 드립니다.

닥터올가의 성장 동력은 '고객과의 공동 창작'이라는 철학에 있습니다. 창작이란 기존에 없던 새로운 가치를 만들어가는 여정입니다. 우리는 고객의 언어로 소통하며 그들의 아이디어와 경험을 통해 혁신적인 제품을 탄생시킵니다. 이러한 과정을 통해 우리의 제품이 고객의 삶에 긍정적인 변화를 가져다줄 수 있다고 믿습니다.

닥터올가에게 고객은 단순한 '소비자'를 넘어선 '창조적 파트너'입니다. 우리는 고객과 함께 브랜드의 미래를 그려나가며, 그들의 목소리 하나하나가 혁신의 씨앗이 됩니다. "고객은 왕이다"라는 관습적인 표현을 넘어, 우리는 "고객은 가장 중요한 창작자"라는 새로운 가치를 추구합니다. 이것이 닥터올가의 핵심 철학이자, 앞으로도 변함없이 지켜나갈 약속입니다.

닥터올가의 모든 제품에는 고객의 진심 어린 목소리가 담겨있습니다. 수많은 고객의 이야기가 모여 하나의 큰 흐름을 만들고, 그것이 바로 우리 브랜드의 원동력이 됩니다. 우리는 확신합니다. 고객과 함께 일구어낸 가치야말로 가장 오래도록 빛나고, 가장 깊은 울림을 만들어낸다는 것을. 이것이 바로 닥터올가가 존재하는 이유입니다.

●•—— 비지니스 본질 4 ——•●

닥터올가, 미국
코스트코에 입점하다

2024년, 대한민국 화장품 수출액은 처음으로 100억 달러를 돌파했습니다. 코로나 팬데믹이 글로벌 경제에 큰 타격을 주었지만, K-뷰티는 단순한 산업을 넘어 K-문화로 자리매김하며 전 세계 소비자들의 열광을 이끌어 냈습니다.

이 과정에서 한국 화장품 기업들은 단순한 성장을 넘어, 한국의 정(情) 문화를 담아 인류 사회에 공헌하는 비전을 만들어가야 한다고 믿습니다. 특히 어려운 환경에서도 남들이 가지 않은 길을 개척한 인디 브랜드들의 도전 정신은 한국 화장품을 '문화'로 확장시키는 원동력이 되었습니다. 앞으로도 K-뷰티의 성과와 정신은 국격을 높이고, 미래 인재들에게 새로운 성장의 전환점을 마련할 것입니다.

팬데믹은 또 다른 변화를 가져왔습니다. 마스크 착용의 일상화로 피부 건강에 대한 관심이 높아졌고, 소비자들은 천연 성분과 안전성을 우선시하게 되었습니다. 이 흐름 속에서 '클린 뷰티' 브랜드들이 각광받기 시작했습니다. 닥터올가는 이러한 변화를 선도하는 브랜드가 되고자 했습니다. 설립 초기부터 지켜온 '착한 성분' 원칙과 친환경 제품 개발은 포스트 코로나 시대의 요구와 정확히 맞닿아 있었습니다.

성분의 투명한 공개, 환경을 지키기 위한 실천은 세계 소비자들의 호응을 얻었고, 그 결실로 2025년 8월 미국 코스트코 온라인몰에 입점하게 되었습니다. 이는 단순한 유통망 확장이 아니라, 글로벌 무대에서 브랜드 가치와 제품 경쟁력을 인정받은 중요한 이정표였습니다.

특히 이번 계약은 코스트코 바이어의 직접 제안으로 이루어졌습니다. 까다로운 품질 기준으로 유명한 코스트코는 매년 수많은 브랜드가 도전하지만, 그 문턱을 넘는 기업은 소수에 불과합니다. 닥터올가가 그 선택을 받았다는 사실은, 우리의 품질과 철학이 세계적 기준에 부합했음을 보여줍니다.

우리는 이미 해외에서 그 가능성을 증명해 왔습니다. 2021년 이후 캐나다·북미 클린뷰티 어워드에서 연속 수상했고, 2023년에는 선크림 부문 최고상을 수상했습니다. 국내외 뷰티 어워드 50회 이상의 수상 기록은 닥터올가가 '비건 & 클린 뷰티' 분야의 리더로 자리매김했음을 보여줍니다.

닥터올가는 설립 이래 명확한 원칙을 고수했습니다. 동물성 원료와 실험을 배제하고, 유해 성분을 철저히 배제하며, 검증된 원료만 사용하는 것. 이 진정성은 국내에서는 '안전한 화장품'이라는 신뢰로, 해외에서는 '지속가능한 브랜드'

래드스팟미스트(Red Spot Mist)

라는 평가로 이어졌습니다.

"신뢰는 글로벌 시장에서 우리가 얻을 수 있는 최고의 자산입니다."

코스트코 입점은 오랜 시간 지켜온 철학과 원칙이 맺은 결실이자, 닥터올가의 새로운 출발점입니다. 작은 브랜드가 거대한 무대에 선다는 것은 단순한 성과가 아니라, 우리의 신념이 세계와 연결되기 시작했다는 의미입니다.

우리는 다짐합니다. 창업의 초심을 잃지 않고 언제나 소비자를 중심에 두겠다고. 진정성 있는 비건 클린 뷰티의 가치는 국경을 넘어 사람들의 마음을 울릴 것이라 믿습니다.

그 믿음은 한국이 전 세계에 전해온 정신과도 닿아 있습니다. BTS가 UN 연설에서 전한 "스스로를 사랑하라 그리고 서로를 사랑하라"는 메시지, 한강 작가가 문학으로 풀어낸 인간 존엄과 연민의 서사, 그리고 수많은 선구자들이 보여준 인류애의 정신. 결국 그것은 사랑과 존중, 더 나은 세상을 향한 열망이었습니다.

닥터올가 역시 그 길 위에 서 있습니다. **화장품을 넘어 '사람과 자연, 그리고 인류를 잇는 다리'가 되고자 합니다.** 대한민국의 따뜻한 뷰티 정신을 세계와 나누며, 내일의 세대를 위한 새로운 길을 열어가겠습니다. 그리고 그 여정은 결코 멈추지 않을 것입니다.

●◦● 비지니스 본질 5 ●◦●

유튜버 러너와 함께 만든
'사명 있는 인연'

달리기는 내게 특별한 의미였습니다. 어릴 적부터 달리
기를 좋아했지만, 누군가에게 배운 적도 없고 경쟁을
위해 달린 적도 없었습니다. 달리기는 내게 순수한 자
유와 기쁨 그 자체였습니다. 운동화를 신고 거리를 달
릴 때면 바람과 함께 나만의 세상으로 들어가는 듯한
해방감을 느꼈습니다.

매일 저녁 학원이 끝나고 지친 몸이었지만, 일부러 몇
정거장 앞에서 내려 집까지 달려가곤 했습니다. 그 짧
은 시간 동안 모든 걱정과 스트레스를 내려놓을 수 있
었습니다. 달리기는 단순한 운동이 아니라, 나만의 특
별한 쉼표였습니다.

이러한 애착은 새로운 도전으로 이어졌습니다. 오랜 인연이 있는 마케팅 회사 대표가 흥미로운 제안을 했습니다. "러너를 위한 선크림을 만들어보면 어떨까요?" 그의 말에 즉시 공감했고, 동시에 한 가지 의문이 떠올랐습니다.

"왜 러너를 위한 선크림은 없을까?"

올리브영 매장에는 수많은 선크림이 있지만, 정작 달리는 사람들을 위한 제품은 없었습니다. 이 의문은 군 복무 시절 경험과도 맞물려 더욱 절실해졌습니다. 매일 야외에서 자외선과 싸워야 했던 시간들, 운동하는 사람들의 피부 건강에 대한 이해는 새로운 도전의 원동력이 되었습니다.

당시 시중에서 접한 선크림들은 땀과 열기에 약해 쉽게 흘러내렸고, 눈에 들어가면 따가웠습니다. 운동하는 사람들을 위한 선크림이 필요했습니다. 피부 자극은 최소화하면서 자외선은 확실히 차단하고, 땀에도 강하며 눈시림 없는 제품. 그 해답을 만들고 싶었습니다.

군 복무 시절 경험은 선크림 개발에 깊은 통찰을 주었

습니다. 육군사관학교 원예과에서 하루 종일 야외 작업을 하며 자외선으로부터 피부를 보호하는 것이 얼마나 중요한지 절실히 깨달았습니다. 특히 한 동기가 심각한 피부 트러블로 보직을 변경해야 했던 사건은 자외선 차단제의 필요성을 각인시켰습니다.

그때도 시중 선크림은 땀에 약하고 눈 자극이 심해 실용성이 떨어졌습니다. 이러한 불편을 직접 겪으며, 운동하는 사람들을 위한 새로운 해답이 필요하다는 확신을 가지게 되었습니다. 또한 제 인생의 원동력 중 하나였던 국민가수 조용필의 1993년 노래 〈고독한 러너〉 역시 이 도전의 영감을 더해주었습니다.

닥터올가는 이미 화장품 업계에서 독보적인 기술력과 품질을 인정받아 왔습니다. 특히 자외선 차단제 분야에서는 국내외 각종 상을 수상하며 전문성을 입증했습니다. 이러한 기술력을 바탕으로 러닝 전문가와의 특별한 협업이 시작되었습니다.

달리기 전문 유튜버 런업TV의 송 PD님이 프로젝트 시작부터 함께했습니다. 그는 단순한 리뷰어가 아니라, 자신과 러닝 동호회 회원들, 전문 선수들의 피드백을 모아 제품 개발 전 과정에 반영했습니다. 국내외 마라톤 대회 현장에서 지속적으로 테스트를 진행했고, 제품 필요성을 제조사에 직접 설명하며 방향을 제시했습니다. 실제 러너들의 불편함을 개선하는 데 집중했습니다.

제품 출시 이후에도 송 PD님은 한여름 33도의 뜨거운 날씨, 자외선이 강한 정오의 반포 운동장에서 직원들과 함께 직접 테스트를 이어갔습니다. 비처럼 쏟아지는 땀 속에서도 자외선 차단 효과가 유지되는지 철저히 검증했습니다.

그 결과는 단순했습니다.
"정말 최고의 제품입니다."
이 진정성 있는 평가는 지금도 유튜브 영상을 통해 생생하게 전해지고 있습니다.

그렇게 탄생한 '런 스크린'은 기존 선크림의 한계를 넘어섰습니다. 가장 큰 고민이었던 '땀' 문제를 해결하기 위해 집중했습니다. 러너에게 땀은 단순한 수분이 아니라 선크림 효과를 무력화시키는 가장 큰 적이었기 때문입니다.

연구진들과 수십 차례 실험을 거듭한 끝에, 피부 자극을 최소화하면서도 자외선 차단력을 극대화한 포뮬러를 완성했습니다. 일반적인 워터프루프를 넘어선 스웨트프루프 기술을 적용했고, 임상시험을 통해 자외선 차단, 주름 개선, 미백의 3중 기능성은 물론, 땀에 대한 내구성과 피부 안전성까지 입증했습니다.

우리는 이 제품에 러너(Runner)라는 이름을 담았습니다. 이는 단순한 브랜딩이 아닌, 모든 달리는 이들의 든든한 동반자가 되겠다는 우리의 확고한 신념이었습니다. 풀코스를 완주하는 베테랑 러너부터 막 러닝을 시작한 초보자까지, 누구에게나 믿음직한 파트너가 되기를 바랐습니다.

개인의 경험에서 출발한 작은 아이디어가 수많은 러너들의 일상을 바꾸고 있다는 사실에 가슴이 벅차올랐습니다.

'런 스크린'은 단순한 상품이 아닌, 달리기를 사랑하는 내가 절실히 필요로 했던 해답이자 모든 러너를 위한 진정성 있는 솔루션이 되었습니다.

런 스 크 린

이 프로젝트는 나 개인적으로도 각별한 의미를 가졌습니다. 몇 년 전 심장 스텐트 시술과 발목 부상으로 달리기를 멈춰야 했던 나에게, '런 스크린'은 또 다른 시작이었습니다.

한강 자양역에 위치한 러너 전용 카페 저스트 런 잇에서 만난 김유진 대표님과 26년차 마라토너 강윤영 코치님과의 인연은 단순한 사업적 협업을 넘어 회사의 새로운 가치를 열어주었습니다. 큰딸과 함께 시작한 매주 화요일의 '매화런'은 우리 가족과 회사 모두에게 '런선크림'의 의미를 더욱 특별하게 만들어 주었습니다.

새벽 아파트 세차장에서 품었던 젊은 날의 희망은 이

168

제 현실이 되어 더 큰 꿈으로 이어졌습니다. 닥터올가는 단순히 제품을 만드는 회사를 넘어 러너들의 진정한 동반자가 되기 위해 끊임없이 노력하고 있습니다. 우리의 기술력과 진정성은 이미 러너들의 신뢰로 증명되었습니다.

'런 스크린'은 과학적 혁신과 현장의 목소리가 만나 탄생한 결과물입니다. 엄격한 임상시험과 실제 러너들의 피드백을 거쳐, 지금은 전국 러너들의 필수품이 되었습니다. 특히 스웨트프루프 기술은 극한 상황에서도 완벽한 자외선 차단 효과를 보장합니다.

닥터올가는 앞으로도 러너들과 함께 달릴 것을 약속합니다. 더 나은 제품 개발을 위한 연구, 러너들의 생생한 피드백 수렴, 그리고 처음의 진정성을 잃지 않는 자세로 계속 전진하겠습니다.

건강한 달리기 문화를 선도하고, 러너들의 안전하고 즐거운 러닝 라이프를 지원하는 것. 이것이 바로 닥터올가가 지향하는 미래입니다.

●•◦ 비지니스 본질 6 ◦•●

가족이기에 힘들었고,
가족이기에 가능했다

닥터올가라는 이름이 세상에 알려지기까지 수많은 순간이 있었고, 그 중심에는 언제나 '가족'이 있었습니다. 아내와 2녀 1남의 자녀들, 그중에서도 특히 큰딸 현경이는 단순한 가족이 아닌 회사의 일원으로 함께했습니다. 이들은 내 인생의 동반자이자 닥터올가라는 브랜드가 세상에 뿌리내릴 수 있도록 함께 걸어온 진정한 파트너였습니다.

'가족'이라는 단어를 브랜드에 담은 데에는 깊은 의미가 있습니다. 가족은 서로를 위해 최선을 다하고, 진심으로 돌보며, 무한한 신뢰로 이어지는 관계이기 때문입니다. 우리는 이러한 가족의 가치를 고객과의 관계에도 담고자 했습니다.

결혼 3년 차에 첫딸이 태어났습니다. 그 시기는 화장품 사업을 막 시작할 무렵이라 경제적으로 어려웠지만, 장인어른과 장모님께서 함께 살며 육아를 도와주셨기에 딸은 따뜻한 사랑 속에서 자랄 수 있었습니다. 하지만 저는 사업에 모든 시간과 에너지를 쏟느라 아버지로서의 역할을 소홀히 했고, 칭찬보다는 잔소리를 더 많이 했던 것이 지금도 마음 아픈 기억으로 남아 있습니다.

큰딸 현경이는 어린 시절부터 남다른 독립심과 도전 정신을 보였습니다. 대안학교 진학, 독일 교환학생, 외고와 대학 편입 등 자신이 원하는 길을 개척하며 성장했습니다. 당시에는 자녀 교육의 방향이 옳다고 믿었지만, 지금 돌이켜보면 부모로서 과도한 기대와 요구를 했던 것은 아닌지 반성하게 됩니다. 성적, 진로, 생활 전반에서 완벽함을 요구하면서도 정작 딸의 내면의 목소리에 귀 기울이지 못했습니다.

그럼에도 현경이는 대학 졸업 후 닥터올가에 입사했습니다. 약 3년간 마케팅, 고객 서비스, 디자인 등 다양한 부서를 경험하며, 특히 소비자 리뷰 관리와 SNS 마케팅을 통해 브랜드의 정체성을 다지는 데 중요한 역할을 했습니다.

그러나 가족이 함께 일한다는 것은 생각보다 복잡했습니다. 부모와 자식이라는 관계 위에 상사와 직원의 관계가 겹치며 기대와 실망이 교차했고, 결국 현경이는 깊은 고민 끝에 회사를 떠났습니다. 마지막 날, 우리는 직원들과 함께 감사 인사를 나누며 그동안의 무게를 내려놓았고, 부녀 사이로 미뤄두었던 대화와 포옹으로 서로를 다시 이해할 수 있었습니다.

둘째 아들 원재는 누나와 여동생 사이에서 배려심 깊은 아들로 자랐습니다. 그러나 저는 아버지로서 과도한 교육열을 보였고, 영어 단어 100개 암기와 체벌은 지금도 가슴 아픈 기억으로 남습니다. 다행히 독서 모임과 자기 성찰을 통해 아들과 매일 대화하며 서서히 관계를 회복할 수 있었습니다.

고등학교 시절 선생님께서 써주신 "최고의 선물은 지금 이 순간"이라는 붓글씨는 여전히 그의 방에 걸려 있으며, 성실하고 책임감 있는 성품으로 그는 직장에서도 신뢰받는 어른으로 성장했습니다.

셋째 딸 유나는 앞선 두 자녀와는 다른 방식으로 키웠습니다. 시행착오 끝에 개성을 존중하며 자유롭게 자라도록 했습니다. 유나는 주도적이고 독립적인 성향으로 태권도 3단을 취득했고, 특성화고에 진학해 스스로의 길을 개척했습니다. 현재는 여의도 한국예탁결제원에서 성실한 직장인으로 인정받으며, 모든 것을 자기 힘으로 이뤄낸 모습이 무척 자랑스럽습니다.

가족과 함께 일한다는 것은 순탄치만은 않았습니다. 업무상의 지적이 감정의 문제로 번지기도 했고, 서로에 대한 기대와 실망이 교차하기도 했습니다. 그러나 이러한 갈등과 시행착오가 오히려 우리를 더 단단하게 만들었고, 브랜드의 진정한 가치가 무엇인지 깨닫게 해주었습니다.

현경이의 권유로 러닝을 시작했습니다. 심장 스텐트 수술과 발목 부상으로 두려움이 컸지만, 딸과 함께 달리며 대화하는 시간은 우리 관계를 회복시키는 계기가 되었습니다. 처음엔 100m도 힘들었지만, 꾸준히 달리다 보니 10km도 완주할 수 있게 되었습니다.

달리기는 단순한 운동이 아니라, 브랜드 철학을 다시 성찰하게 한 경험이기도 했습니다. '런 스크린'을 만들면서도 정작 러너의 시선에서 생각해보지 않았다는 사실을 깨달았기 때문입니다. 직접 달리며 느낀 자외선, 땀, 피부 자극의 문제는 제품 개발의 새로운 전환점이 되었습니다.

이 모든 과정을 통해 다시금 깨달은 것은, 브랜드는 책상 위에서 완성되는 것이 아니라 삶과 호흡하며 현장에서 만들어진다는 사실입니다. 그리고 브랜드는 결국 사람과 소통하는 이야기라는 것입니다. 그 사람 중에서도 가장 가까운, 가장 사랑하는 존재들과 함께할 때, 비로소 진정성을 가질 수 있습니다.

닥터올가는 단순한 기업이 아닌, 가족의 사랑과 헌신으로 자라온 하나의 생명체입니다. 우리의 땀과 눈물, 갈등과 화해, 그리고 무엇보다 서로를 향한 진심 어린 사랑이 이 브랜드의 근간이 되었습니다. 앞으로도 이 소중한 가치를 지켜가며, 고객들에게 더 나은 삶의 가치를 전하는 브랜드로 성장해 나갈 것입니다.

닥터올가는 화장품을 넘어
삶의 가치를 전하는 브랜드, 선한 영향력을
나누는 공동체가 되고자 한다.

제 5 장

삶의 철학과
사람 이야기

●◦● 삶의 철학과 사람 1 ●◦●

생각을 바꾸면
팔자가 바뀐다

우리 어머니 세대는 힘든 일이 있을 때마다 한숨을 쉬
며 이렇게 말씀하시곤 했습니다.

"에휴, 내 팔자야, 내 팔자야..."

그 말이 어린 내 귀에 깊이 각인되었습니다.

세월이 흘러 어른이 되고 나서야 나는 그 말의 의미를
새롭게 해석하게 되었습니다.

어릴 적 들었던 '내 팔자야'라는 말은 피할 수 없는 운
명 앞에서의 체념처럼 들렸습니다. 하지만 인생을 살아
가며 깨달은 것은 그 말에 담긴 더 깊은 의미였습니다.

팔자는 하늘이 정해준 숙명이 아니라 우리가 스스로

개척해 나가는 길이라는 것. 결국 내 삶의 방향을 결정하는 것은 '팔자'가 아닌 내 '생각'이었습니다.

"팔자는 생각에서 비롯된다. 생각이 곧 팔자를 만든다."

이 믿음으로 살아오면서 나는 수많은 위기를 긍정적 사고로 전환하여 기회로 만들어냈습니다. 어린 나이에 아버지를 여의고 드넓은 바다와 뙤약볕이 내리쬐는 논밭을 오가며 생존의 지혜를 배웠습니다.

가정형편이 어려워 중학교도 제대로 다니지 못했지만, 서울로 올라와 새벽에는 아파트 세차를, 낮에는 공장 일을, 밤에는 야학에서 공부하며 하루하루를 살아냈습니다. 그 고된 시간을 견딜 수 있었던 것은 누군가의 위로나 환경의 변화 때문이 아닌, 내 안에 굳건히 자리 잡은 하나의 '신념' 덕분이었습니다.

"생각이 바뀌면 인생이 바뀐다."

이 말은 단순한 자기 위안이나 격려를 넘어선 삶의 진리였습니다. 수많은 역경 속에서도 내 삶의 중심을 잡

아준 나침반이자, 넘어질 때마다 다시 일어설 수 있게
해준 불변의 원칙이었습니다. 이러한 깨달음은 자연스
럽게 '선선악선(善善惡善)'이라는 더 깊은 철학으로 이
어졌습니다.

**"선한 것을 보고 그것을 실천하면 선을 배우게 되고,
악한 것을 마주하더라도 선한 길을 택하면 그 또한 선
을 배우는 길이 된다."**

이 철학은 단순한 좌우명을 넘어 내 삶의 근간이 되었
습니다. 2004년 감성 글로벌을 법인으로 전환하면서
나는 이 문구를 액자에 담아 사무실 벽에 걸었습니다.
그리고 매일 아침 그 문장을 바라보며 올바른 판단과
행동의 기준을 되새겼습니다. 그것은 단순한 글귀가 아
닌, 나와 회사의 모든 의사결정을 이끄는 나침반이 되
었습니다.

사업을 시작했을 때는 두려움보다는 설렘이 앞섰습니
다. 여러 화장품 브랜드를 유통하고 트렌디한 제품을
직접 만들어보는 등 무모할 정도로 열정적이었습니다.
그 결과는 성공도 있었지만 대부분 실패였습니다.

IMF 외환위기 때는 직원들 월급을 주기 위해 친구의 신용카드로 돌려막기를 해야 했던 절박한 순간도 있었습니다. 하지만 그런 위기를 극복할 수 있었던 것은 생각의 전환 덕분이었습니다. 외부 환경이 개선된 것도, 누군가의 도움을 받은 것도 아니었습니다. 바로 내 안의 '생각'이 변화했기 때문입니다.

"왜 하필 나에게 이런 시련이 닥쳤을까?"라는 원망 대신, "이 실패를 통해 어떤 교훈을 배울 수 있을까?"라고 스스로에게 질문하기 시작했습니다.

이러한 생각의 전환은 나를 다시 일으켜 세웠고, 인간관계에서도 큰 변화를 가져왔습니다. 처음에는 '왜 내 진심을 알아주지 못할까'라며 상처받고 상대방을 탓했습니다. 하지만 점차 다른 시각으로 보게 되었습니다.

"혹시 내가 먼저 상대방을 오해한 것은 아닐까? 내가 조금 더 귀 기울여 들었다면 결과가 달라지지 않았을까?"

이러한 관점의 변화는 놀라운 결과를 가져왔습니다.

사람의 본성을 바꾸기는 어렵지만, 내가 먼저 진심 어린 반성과 사과를 건넬 때 상대방의 마음도 열리기 시작한다는 것을 알았습니다. 모든 관계의 시작점은 결국 나의 생각에 있다는 것을.

이런 마음가짐의 변화는 자연스럽게 조직 운영 방식에도 영향을 미쳤습니다. 예전엔 직원을 단순히 '일하는 사람', '업무를 수행하는 대상'으로만 바라보았다면, 지금은 '함께 브랜드의 가치를 만들어가는 동반자'이자 '같은 꿈을 향해 나아가는 소중한 가족'으로 인식하게 되었습니다.

생각이 바뀌자 놀라운 변화가 일어났습니다. 직원들의 말투가 부드러워지고, 회의는 더욱 생산적으로 변했으며, 서로를 이해하고 격려하는 문화가 자리 잡았습니다. 갈등이 생겨도 서로 양보하고 화해하려는 성숙한 태도가 보편화되었습니다. 한 사람의 생각 변화가 조직 전체의 문화를 바꾼 것입니다.

이런 순간마다 제가 처음 배운 영어 문장이 떠오릅니다.

"I can do it."

이 단순한 세 단어는 야학 시절 제 가슴을 뜨겁게 울렸고, 지금도 좌절의 순간마다 다시 일어설 수 있는 힘이 됩니다. 그래서 저는 어려움을 겪는 후배들에게 늘 이렇게 말합니다.

**"지금 네가 겪는 이 힘든 순간이야말로 인생의 터닝포인트가 될 수 있어.
환경을 탓하지 말고, 네 생각부터 바꿔보렴."**

한때 나는 스스로를 '가진 것 없는 사람'이라고 여겼습니다. 그러다 어느 날 생각을 바꿨습니다. "나는 현장에서 부딪히며 배운 실전형 사업가다." 그 생각 하나가 나의 태도와 말투를 바꿨고, 내가 바뀌니 사람들의 반응도 달라지기 시작했습니다. 이것이 바로 생각이 운명을 바꾸는 순간이었습니다.

지금 이 순간에도 "나는 왜 안 될까?"라고 자책하는 분들이 계시다면, 제가 경험한 깨달음을 나누고 싶습니다. 우리에게는 이미 가장 강력한 도구가 있습니다.

돈 한 푼 들이지 않고도 지금 당장 시작할 수 있는, 바로 '생각의 힘'입니다. 그리고 그 생각이 달라지는 순간, 당신의 삶도 새로운 방향으로 움직이기 시작할 것입니다.

●◦● 삶의 철학과 사람 2 ●◦●

독서로 반성하고
깨우치는 삶

책은 나의 인생을 바꾼 가장 강력한 도구였습니다. 학
창 시절을 제대로 누리지 못한 아쉬움은 오랫동안 내
안에 열등감의 그늘로 남아있었습니다. 하지만 그 결핍
이 오히려 나를 책으로 이끌었고, 새로운 길을 열어주
었습니다. 사업을 하며 수많은 사람을 만나고, 빠르게
변하는 세상 속에서 길을 잃지 않기 위해 나는 책을 붙
잡았습니다.

책은 내게 단순한 정보나 지식 이상의 것이었습니다.
책을 통해 만난 저자들의 삶과 지혜는 내 안에 깊이 스
며들어 사람을 이해하는 눈을 키워주었고, 그것이 실제
관계에서도 더 깊은 공감과 소통을 가능하게 했습니다.

거래처 사장님과 나눈 책 이야기가 신뢰의 시작이 되었고, 직원들과 공유한 독서 경험이 서로를 이해하는 다리가 되었습니다. 화장품 사업을 하며 가장 크게 깨달은 것은 "성장은 결국 사람과의 관계에서 온다"는 진리였고, 그 관계를 더욱 풍요롭게 만드는 것이 바로 책이었습니다.

아무리 뛰어난 제품을 만들어도, 그것을 함께 나누고 진심으로 공감해줄 사람이 없다면, 그 가치는 세상에 닿지 못합니다. 제품은 손에 쥘 수 있지만, 마음이 이어지지 않으면 관계는 깊어지지 않습니다. 결국 중요한 건 '무엇을 팔았는가'가 아니라 '누구와 함께했는가'입니다. 그래서 저는 늘 스스로에게 묻습니다.

'나는 누군가에게 무엇을 줄 수 있을까?'

많은 거래처와 지인들에게 제품을 선물하는 것은 단순한 영업 수단으로 비칠 수 있습니다. 하지만 책은 달랐습니다. 책은 서로의 마음을 이어주고, 신뢰를 쌓으며, 함께 성장할 수 있는 소중한 매개체였습니다. 그래서 나는 책을 통해 진정한 관계 맺기를 시작했습니다.

2016년, 닥터올가에서 청소년 트러블 케어 제품인 '상처 치유 연고'를 개발하던 중 깊은 깨달음을 얻었습니다. "피부의 상처는 우리 제품으로 치유할 수 있지만, 청소년들의 마음속 상처는 어떻게 보듬어줄 수 있을까?"

그 해답으로 찾은 것이 바로 책이었습니다. 청소년들의 고민과 성장을 다룬 책들을 엄선하여 제품과 함께 전달하기 시작했습니다. 이는 단순한 판촉물이 아닌, 진심 어린 위로의 메시지였고, 우리 브랜드의 철학을 전하는 소통의 도구였습니다.

이 경험을 토대로 닥터올가는 '책 나눔 프로그램'을 정식으로 시작했습니다. 업무 일정으로 직원들과의 독서 모임 운영이 어려웠지만, 대신 책을 나누는 문화를 통해 독서의 가치를 실천했습니다.

매년 100권의 책을 목표로, 거래처, 고객, 지인, 가족들과 책을 나누었습니다. 특히 닥터올가 자사몰에서는 매달 엄선한 책 중 20권 정도를 사연과 함께 신청한 고객들에게 정성스럽게 선물하였습니다.

이러한 노력은 큰 반향을 일으켰습니다. 고객들은 닥터올가를 '단순한 화장품 기업이 아닌, 함께 성장하는 가치 중심의 브랜드'로 인식하기 시작했습니다. 책을 선정할 때마다 우리는 상대방의 관심사와 필요를 깊이 고려했습니다.

연말에는 다가오는 해의 트렌드를 담은 자기계발서와 경영서를, 때로는 삶의 의미를 되새기게 하는 에세이를 정성스럽게 선별했습니다. 이렇게 전달된 책은 언제나 환영받는 선물이 되었고, 자연스럽게 깊은 관계를 만드는 매개체가 되었습니다.

특히 B2B 거래처 담당자들과의 관계에서 책은 특별한 역할을 했습니다. "대표님, 지난번에 추천해주신 책에서 많은 깨달음을 얻었습니다"라는 한마디가 비즈니스 관계를 넘어 진정한 신뢰 관계로 발전하는 계기가 되었습니다.

사람들은 '책을 나누는 사람은 삶의 깊이가 다르다'고

생각했고, 그 인식은 자연스럽게 브랜드 신뢰로 이어졌습니다. 우리는 그렇게 '끊임없이 배우는 회사', '고객과 함께 성장하는 브랜드'로 자리매김했습니다. 이 시기에 나는 스스로에게 깊은 질문을 던졌습니다.

"나는 어떤 아버지가 되어야 하는가?"
"나는 어떤 어른으로 살아가고 싶은가?"

어느 날 아침, 가족과 함께하는 식사 자리에서 둘째 아들과 갈등이 있었습니다. 평소와 달리 언성을 높이는 아들에게 순간적으로 화가 나, 식탁 위에 있던 핸드폰을 바닥에 내던지고 말았습니다. 가족들이 모두 지켜보는 자리였습니다.

나는 깊이 후회했고 부끄러움을 느꼈습니다. 즉시 아이들과 장모님께 "아빠가 잘못했다"고 사과했지만, 감정이 북받쳐 눈물이 쏟아졌습니다. 아내와 아이들, 장모님 앞에서 보인 모습이 너무나 부끄러워 한없이 작아지는 기분이었습니다.

이 사건 이후 나는 '진정한 아버지의 모습은 무엇일

까?'에 대해 깊이 고민했습니다. 늘 겸손하고 반성하는 자세로 살아가시는 장모님의 모습에서 영감을 얻었습니다. 나도 그런 성숙한 어른이 되고 싶다는 간절한 마음으로 찾아낸 것이 바로 '양재나비' 독서 모임이었습니다.

매주 토요일 새벽, 대부분의 사람들이 휴식을 취하는 시간이었지만 나에게는 오히려 소중한 성장의 기회였습니다. 예전에 새벽 세차로 하루를 시작했던 것처럼, 이제는 새벽 독서로 하루를 열기로 했습니다. 2017년 2월 11일, 사단 법인 대한민국 독서만세 강규형 회장님께서 설립한 문정동 지식센터 4층에서 맞이한 첫 새벽 6시 40분. 40명 정도의 사람들이 각자의 책에 몰입한 채 조용히 앉아 있는 모습이 인상적이었습니다.

독서모임의 신입회원 '차 타임'에서 자기소개를 하며 조심스럽게 질문을 던졌습니다. "이런 독서습관을 들이려면 얼마나 참석해야 할까요?" 한 선배회원이 따뜻한 미소와 함께 답했습니다. "10번만 나와보세요. 그러면 알게 될 거예요." 그때는 '그래, 10번이라면 할 수 있어'라고 가볍게 생각했지만, 그 10번의 약속이 10년이라는 긴 여정의 시작이 될 줄은 몰랐습니다.

꾸준한 참여와 열정을 인정받아 2018년에는 회장직을 맡게 되었습니다. 이는 받기만 하는 것이 아닌 나눔의 가치를 실천하는 계기가 되었습니다.
'공부해서 남을 주자'라는 말처럼, 지식을 나누는 과정에서 오히려 제 삶이 더욱 풍요롭고 의미 있어졌습니다.

어릴 적 책 읽기는 나에게 큰 고통이었습니다. 특히 다른 사람들 앞에서 책을 읽어야 할 때면 두려움이 앞섰습니다. 나중에 독서 모임을 통해 알게 된 사실이지만, 이는 난독증 때문이었습니다. 하지만 독서 모임에서의 꾸준한 나눔과 실천을 통해 나는 조금씩 변화할 수 있었습니다.

선배들과의 진솔한 독서 나눔은 내 삶을 성숙하게 만들었습니다. 여전히 책 읽기가 쉽지는 않지만, 이제는 감사한 마음으로 책을 대할 수 있게 되었습니다. 책은 나의 가장 친밀한 벗이자, 스스로를 돌아보는 거울이며, 삶의 방향을 제시하는 나침반이 되었습니다.

독서를 통해 내 마음은 더욱 풍요로워졌고, 타인과의 관계는 한층 깊어졌습니다. 책은 나에게 위로와 용기를 주는 동반자이자, 사람과 사람을 이어주는 다리이며, 끊임없는 성장의 원동력입니다.

돌이켜보면, **닥터올가가 지금의 자리에 오를 수 있었던 것은 '배움에 대한 열등감'을 긍정적인 동력으로 승화시키고, 독서를 통해 끊임없이 겸손한 자세를 유지해왔기 때문입니다.** 책은 고객의 마음을 이해하는 창문이자, 세상을 바라보는 새로운 관점을 제시하는 나침반이었으며, 소중한 인연을 맺는 첫걸음이 되어주었습니다.

독서는 단순히 내 삶만을 바꾼 것이 아닙니다. 그것은 회사의 문화를 변화시켰고, 사람과 사람 사이를 이어주는 진정성 있는 소통의 도구가 되었습니다. 단순한 지식의 축적을 넘어, 자아를 성찰하고 타인을 이해하며, 더 나은 세상을 향해 함께 나아가는 힘이 되었습니다.

그래서 나는 오늘도 변함없이 책을 펼칩니다. 내일의 나를 위해, 우리 브랜드의 미래를 위해, 그리고 함께 성장할 모든 이들을 위해. 책 속에서 만나는 새로운 지혜와 통찰은 나를 더욱 겸손하게 만들고, 더 넓은 시야로 세상을 바라보게 합니다.

책은 때로는 따뜻한 위로가 되고, 때로는 새로운 도전의 원동력이 되며, 때로는 냉철한 반성의 거울이 됩니다. 이제 책은 단순한 취미를 넘어 나의 일상이자 평생의 동반자가 되었습니다. 그리고 이 깨달음을 바탕으로 나는 확신에 찬 목소리로 외칩니다.

"공부해서 남을 주자! 더불어, 경험해서 남을 주자!"

●◦● 삶의 철학과 사람 3 ●◦●

닥터올가의 힘,
사람이 먼저다

닥터올가의 여정에서 가장 큰 자산은 '사람'이었습니다. 빠르게 변화하는 화장품 업계에서 우리가 흔들리지 않고 성장할 수 있었던 것은, 한결같은 마음으로 함께해 준 직원들과 파트너들의 헌신 덕분이었습니다.

물론 우리는 온라인 유통의 초기 진입자로서 시장의 변화에 발 빠르게 대응하고 K-뷰티를 선도할 수 있었습니다. 하지만 그보다 더 소중했던 것은, 외부 환경이 어떻게 변하든 '자연과 사람을 위하는' 우리의 근본 가치를 한결같이 지켜준 사람들이었습니다.

트렌드, 유통구조, 소비자의 기대가 시시각각 달라지는

시대에 브랜드가 중심을 잃지 않으려면, 기술이나 자본보다 더 중요한 것이 있었습니다. 그것은 바로 사람과의 좋은 관계였습니다. 이러한 신뢰와 헌신을 바탕으로한 관계는 단순한 거래를 넘어 우리의 지속적인 성장을 가능하게 하는 진정한 원동력이 되었습니다.

파레토 법칙에 따르면 핵심 요소 20%가 전체 결과의 80%를 만들어낸다고 합니다. 하지만 닥터올가의 경험은 달랐습니다. 우리의 20%의 노력보다, 협업자와 파트너, 그리고 함께해 준 동료들의 80%의 헌신이 더 큰 성장을 이끌어냈습니다. 이것이 바로 우리가 발견한 '역파레토의 법칙'입니다.

닥터올가는 위기 속에서도 멈추지 않았습니다. 그 어려운 순간마다 우리를 지탱해준 것은 묵묵히 곁을 지켜준 직원들과 신뢰로 이어진 파트너들의 존재였습니다.

닥터올가의 시작에는 두 회사의 특별한 동행이 있었습니다. 첫 번째는 베이벨인터내셔널 유성희 대표님입니다. 브랜드 정체성을 총괄해 주셨고, 단순한 패키지와 용기를 넘어 닥터올가의 비전을 불어넣어 주신 중요한 파트너였습니다.

특히 자연의 열정을 담아낸 "킨 네이처(Kin Nature)"는 한국의 전통문화에서 영감을 받아, 닥터올가만의 독창적 정체성을 제시했습니다. 경복궁 용마루의 웅장한 상징을 디자인 모티프로 삼고, 로고 하단에 "대한민국 수도, 서울"을 새겨 넣음으로써 K-뷰티를 넘어 K-문화와 연결되는 차별화된 전략을 펼쳤습니다. 이는 한국을 대표하는 비건 & 클린뷰티 브랜드로 자리매김하는데 중요한 초석이 되었습니다.

두 번째는 결고은사람들 이영희 대표님과 그 팀입니다. 닥터올가의 핵심 성분을 책임져 주셨으며, 특히 '100 선크림' 개발 과정에서 산호초 파괴 성분을 과감히 배제하고 국내 최초로 리프 세이프(reef safe) 가치를 구현해 주신 일등공신이었습니다.

대표님과 임직원 모두는 마치 닥터올가의 직원처럼 솔선수범하며 발 벗고 나서 주셨습니다. 수많은 시행착오와 도전 속에서도 끝까지 함께해 주신 덕분에, 닥터올가는 국내외 어워드에서 90% 이상이라는 놀라운 성과를 거둘 수 있었습니다.

이 모든 결과는 단순한 협력 이상의 관계, 위기 속에서는 힘이 되어주고 성과 앞에서는 함께 기뻐해 준 최고의 동행자들 덕분이었습니다. 닥터올가의 성장은 결코 혼자의 힘이 아닌, 자연과 사람 그리고 환경이라는 핵심 가치를 함께 지켜 준 소중한 파트너들과의 여정이었습니다.

그러나 코로나19 이후 급격한 시장 변화와 더불어 SNS 마케팅 대응 미흡, 과도한 사옥 투자, 그리고 금리 인상 등 금융 환경의 변화가 겹치며 경영 상황이 악화되었습니다. 여기에 기존 유통 채널의 매출 부진까지 더해져 우리는 피할 수 없는 어려운 결정을 내려야만 했습니다.

경영자로서 저는 이러한 변화에 적절히 대응하지 못했다는 책임감을 느낍니다. 결국 직원들에게 회사의 상황을 투명하게 설명하고, 깊은 고민 끝에 단계적인 구조 조정을 진행해야 했습니다. 오랫동안 닥터올가와 함께해온 소중한 동료들과 이별해야 했던 그 순간은, 제 인생에서 가장 고통스러운 경험 중 하나로 남아있습니다.

이 과정에서 저는 리더로서의 한계와 책임의 무게를 절실히 느꼈습니다. 육체적, 정신적 소진 속에서도, 떠나는 직원들에게 충분한 보상을 해드리지 못한 점은 여전히 제 마음속 깊은 아쉬움으로 남아있습니다. '좋은 이별'이란 과연 가능한 것일까요? 이 질문을 안고, 저는 오랜 시간 깊은 자기성찰의 시간을 보냈습니다.

그러던 어느 날, 운명처럼 찾아온 독서 모임에서 한 젊은 멘토를 만났습니다. 차가운 커피 잔을 앞에 두고 저는 그동안의 아픔과 고민을 모두 털어놓았습니다. 그는 마치 오랜 친구처럼 끝까지 제 이야기에 귀 기울였고, 마침내 촛불 같은 따뜻한 눈빛으로 말을 건넸습니다.

"이제는 새로운 시작입니다. 닥터올가의 진정한 사명과 비전을 다시 한번 그려보세요. 그것이 진정한 리빌딩의 시작이 될 거예요."

그의 말을 듣는 순간, 제 마음 속에서 IMF 시절 이건희 회장의 결연한 음성이 울려 퍼졌습니다. "가족과 아내빼고는 다 바꾸자." 그 말씀처럼, 저는 제 곁에서 한결같이 함께해 준 아내와 가족의 손을 잡고, 다시 한번 새로운 여정을 시작하기로 했습니다.

이렇게 우리는 닥터올가의 미래를 향한 새로운 프로젝트에 온 마음을 쏟아부었습니다. 매일 밤 늦게까지 이어진 고민과 토론 속에서, 우리는 잃어버렸던 희망의 불씨를 되찾아갔고, 서서히 평온이 우리의 마음을 채워가기 시작했습니다.

결국, 모든 것은 사람으로부터 시작됩니다. 사업은 단순히 제품을 만들어 파는 거래를 넘어, 우리의 가치와 철학을 공유하고 함께 성장하는 여정입니다. 그 핵심에는 언제나 사람과 사람 사이의 진정성 있는 신뢰, 그리고 서로를 이해하고 배려하는 관계의 가치가 자리잡고 있었습니다.

치열한 경쟁보다는 상생의 협력을, 단기적 성과보다는 사람의 성장을, 눈앞의 결과보다는 함께하는 과정과 관계를 소중히 여길 때, 자연스럽게 우리의 가치를 이해하고 동행하고자 하는 사람들이 모여든다는 진리를. 이

것이야말로 지속 가능한 성장의 근본이었습니다.

지금 우리는 첫 발걸음을 내딛었던 그 순간의 설렘과 진심으로 돌아가고 있습니다. 닥터올가는 단순히 화장품을 만드는 회사가 아닙니다. 우리는 처음부터 '사람'과 '자연'이 조화롭게 공존하는 더 나은 세상을 꿈꾸며 이 여정을 시작했습니다.

"이 제품이 사람과 자연에 어떤 영향을 줄까?"

이 작은 물음은 우리의 모든 결정 앞에 놓인 가장 큰 질문이 되었고, 수많은 선택의 갈림길에서 우리를 올바른 방향으로 이끄는 빛나는 나침반이 되었습니다.

저는 여전히 "관계의 가치"를 믿습니다. 닥터올가의 여정이 이를 증명합니다. 혼자 가면 빨리 갈 수 있지만, 멀리 가려면 함께 가야 합니다. 그래서 우리는 언제나 사람을 먼저 생각합니다. 경쟁보다 협력, 결과보다 과정, 성과보다 사람이 우선입니다. 이것이 우리가 수많은 위기 속에서도 살아남을 수 있었던 닥터올가의 진짜 힘입니다.

앞으로도 우리는 자연과 함께 공존하며, 사람의 삶에 선한 영향을 주는 브랜드로 나아가겠습니다. 고객, 직원, 파트너 모두가 함께 성장할 수 있는 여정 속에서 우리가 지켜온 철학을 흔들림 없이 이어갈 것입니다. 이는 단순한 약속이 아닌, 우리 과거의 DNA가 증명하는 미래의 청사진입니다.

"사람이 먼저다."

이 말은 단순한 구호가 아닙니다. IMF 위기에서도, 코로나19 팬데믹에서도 우리를 지탱해준 닥터올가의 근본이자, 앞으로도 우리가 반드시 가야 할 길입니다. 우리는 이 철학을 바탕으로 고객과 직원, 파트너 모두가 행복한 브랜드를 만들어가겠습니다.

●◦● 삶의 철학과 사람 4 ●◦●

고객은 우리의 운명

닥터올가에게 고객은 운명입니다. 고객은 단순한 구매자가 아닌, 우리와 함께 걸어가는 동반자입니다. 이것은 우리가 지켜온 가장 소중한 철학이자 약속입니다.

처음 사업을 시작했을 때는 저도 고객을 단순히 제품을 구매하는 소비자로만 바라보았습니다. 하지만 시간이 흐르며 깨달았습니다. **고객은 우리의 존재 이유이자, 함께 성장하는 동반자라는 것을.** 그들의 신뢰와 사랑이 있었기에 오늘의 닥터올가가 있을 수 있었습니다.

2002년, 국내 전자상거래가 태동하던 시기에 저는 과감히 온라인 쇼핑몰을 열었습니다. 당시만 해도 '고객이 보지도 못한 제품을 먼저 입금하고 기다려줄까?'라

203

는 의구심이 컸지만 저는 이 도전이 우리 미래를 여는 열쇠가 될 것이라 믿었습니다.

그래서 저는 단순한 제품 판매를 넘어섰습니다. 문제가 생기면 직접 고객을 찾아가 상담했고, 24시간 리뷰와 문의에 응대하며 고객의 목소리에 귀 기울였습니다. 고객의 불안을 해소하는 것이 저의 첫 번째 책임이었고, 신뢰를 쌓는 것이 최우선 가치였습니다.

오프라인 매장에 제품을 공급하던 유통인의 삶은 온라인이라는 새로운 공간을 만나 완전히 다른 차원으로 진화했습니다. 이제 고객은 단순한 소비자가 아닌, 우리 존재의 근본적인 이유가 되었습니다. 그래서 저는 깊은 결심을 담아 '고객은 우리의 운명이다'라는 사훈을 표구로 만들어 사무실 중앙에 걸었습니다. 매일 그 앞을 지나며 수십 번 마음을 새깁니다.

우리는 "고객 중심"을 넘어 "고객 운명주의"를 실천합니다. 닥터올가의 모든 제품은 고객의 실제 필요와 고민으로부터 시작됩니다. 이는 우리의 대표 제품인 '100 선크림'의 개발 과정에서도 잘 드러납니다. "아이와 함께 안심하고 사용할 수 있는 제품이 필요해요"라는 한 고객의 피드백이 새로운 도전의 시작이 되었기 때문입니다.

이 고객의 니즈를 충족시키기 위해 우리는 체계적인 접근을 했습니다. 첫째, 전문가들과 협력하여 가족 모두가 안전하게 사용할 수 있는 엄격한 성분 기준을 수립했습니다. 둘째, 이 기준을 바탕으로 수개월간의 연구 개발을 진행했습니다. 마지막으로, 산호초 보호라는 환경적 가치를 제품에 반영했습니다.

그 결과, '100 선크림'은 두 가지 핵심 가치를 구현하게 되었습니다. 하나는 온 가족이 안심하고 사용할 수 있는 안전성이고, 다른 하나는 환경 보호입니다. 이처럼 **고객의 필요와 환경 보호라는 두 가치의 조화를 이룬 것이 바로 '100 선크림'의 진정한 의미입니다.**

가치 중심의 철학은 비즈니스 파트너와의 관계에서도 이어졌습니다. 온라인 유통 초기, 파트너사 직원들이 과도한 업무로 자기계발의 시간조차 갖기 어렵다는 사실을 알게 되었습니다. 이에 저는 매 미팅마다 업계 트렌드와 시장 분석이 담긴 양질의 자료를 준비했고, 미팅 후에는 논의된 내용을 체계적으로 정리하여 공유했습니다.

진정성 있는 노력은 서서히 결실을 맺었습니다. 처음에는 다소 형식적이었던 MD들의 태도가 점차 변화하기 시작했고, 상호 신뢰의 관계로 발전했습니다. 한번은 제가 추천한 책을 선물했는데, 몇 주 후 깊이 있는 독서 감상평과 함께 따뜻한 감사 인사를 받았습니다. 이처럼 진심 어린 소통을 통해, 파트너사와 함께 성장하고자 하는 닥터올가의 철학이 자연스럽게 전달되었습니다.

이러한 신뢰 관계는 오랜 시간 동안 이어져 왔습니다. P 대표님과는 스킨엑스를 통해 인연을 맺은 이후 10년이 넘는 시간을 함께했습니다. 미국과 캐나다의 클린 뷰티 시장에 대한 자문과 트렌드 분석을 해주셨고, 100 선크림의 상징적인 패키지 디자인까지 함께 만들어주셨습니다. K 대표님은 다음 디&샵을 통해 처음 만난 후, 현재는 국내외 브랜드 수출을 함께하는 든든한 파트너가 되어주셨습니다.

비즈니스 미팅에서도 저는 업무 이야기에만 국한하지 않으려 노력합니다. 서로의 취미와 관심사, 가족 이야기를 나누며 인간적인 교감을 쌓아갑니다. 이런 진정성 있는 대화야말로 장기적인 신뢰 관계를 만드는 토대가 된다고 믿기 때문입니다.

'첫 만남'만큼이나 '마지막 인사'의 순간도 소중히 여깁니다. 직원이 퇴사를 결정했을 때, 저는 그동안의 시간을 돌아보며 제가 미처 알지 못했던 그들의 고민과 아픔은 없었는지 성찰합니다. 마지막 커피 한 잔을 나누며 서로의 진심을 나누고, 필요하다면 사과도 건넵니다. 특히 남성 직원과는 가슴으로 안아주는 허그로 마음을 전합니다. 이는 단순한 의례가 아닌, 서로의 새로운 시작을 축복하는 진정한 마음의 표현입니다.

결국, 진정한 리더의 모습은 무엇일까요?
"진정한 리더는 앞서가는 사람이 아니라,
함께 가기 위해 때로는 약해질 줄 아는 사람이다."

《위대한 대화》의 김지수 작가님의 이 말씀은 우리가 추구해온 모든 가치를 한 문장으로 집약해줍니다.

고객과의 신뢰, 직원과의 동행, 파트너와의 상생 –
이 모든 관계의 중심에는 '함께'라는 가치가 있었습니
다. 그래서 저는 오늘도 먼저 인사하고, 먼저 손을 내밀
고, 먼저 귀를 기울입니다. 이것이야말로 우리 모두가
함께 행복해지는 브랜드, 닥터올가가 영원히 지켜나가
야 할 약속입니다.

●●● 삶의 철학과 사람 5 ●●●

헛된 실패는 없다

제 인생의 첫 번째 시련은 화장품 대리점 사업에서의
실패였습니다. EQ코스메틱 대리점을 열자마자 한불화
장품의 롱 마스카라가 대히트를 치며 선주문이 밀려들
었지만, 불과 3개월 만에 4천만 원의 당좌부도를 맞이
하게 되었습니다. 초기의 성공이 오히려 더 큰 좌절로
다가왔던 순간이었습니다.

뜨거운 반응은 금세 식었고, 저는 매일 새벽부터 밤늦
게까지 재고 관리, 본사 발주, 거래처 관리, 직원 스케
줄 조정 등 모든 업무를 직접 챙겼습니다. 저녁에는 아
내의 매장 마감까지 도우며 하루를 마무리했지만, 월말
이면 본사 입금을 맞추기 위해 여기저기 돈을 빌려야
만 했습니다.

209

큰딸이 세 살 때부터 아내와 저는 늘 함께 출근하며 각자의 자리에서 최선을 다했습니다. 하지만 간절한 노력에도 불구하고 빚은 눈덩이처럼 불어났습니다. 지인들의 인보증과 신용보증보험 덕분에 몇 차례 위기를 넘겼지만, 결국 보증금 문제로 대리점은 문을 닫을 수밖에 없었습니다.

대리점 실패 후 저는 당시 인기를 끌던 '5,000원 탕수육' 사업에 뛰어들려 했습니다. 사촌형의 중국집 노하우를 배우며 청량리에 매장을 계약했지만, 아내에게 큰 짐이 될 것 같아 결국 포기했습니다. 그러나 이 결정은 지인과의 관계 악화와 경제적 손실만 남겼습니다.

아내와 깊은 대화 끝에 우리는 다시 화장품 유통이라는 익숙한 길을 택했습니다. 이번에는 담보 부담이 적은 수입 화장품 대리점을 알아보았고, 작은 담보와 세 명의 인보증이라는 조건으로 기회를 얻었습니다. 망설이던 저에게 몇몇 분들이 "열심히 해보라"며 손을 내밀어 주셨습니다. 그러나 곧 깨달았습니다. 시장은 결코 진심만으로는 움직이지 않는다는 사실을.

열심히 정상적으로 납품했지만 매출은 늘지 않았고, 미수금은 눈덩이처럼 불어났습니다. 은행 수표로 간신히 입금을 맞추며 버텼지만 빚은 감당하기 어려웠습니다. 그러던 중 1997년, IMF 외환위기가 닥치며 저 역시 그 소용돌이 속에 휘말리고 말았습니다.

생존을 향한 몸부림 속에서 살아남기 위해 동대문 새벽시장과 의정부 지하 중앙시장에서 가게를 운영하며 활로를 모색했습니다. 한 가정의 가장으로서, 그리고 저를 믿고 인보증을 서주신 분들의 신뢰를 지키기 위해 절대 포기하지 않겠다는 다짐뿐이었습니다. 사업을 하다 보면 아무리 노력해도 앞이 보이지 않는 순간이 옵니다. 그러나 저는 그 어둠 속에서도 희망의 빛을 찾으려 했습니다.

2002년, 향수 대리점을 운영하면서 온라인 시장의 무한한 가능성을 직감했습니다. 과감히 자사몰 향수매니아를 오픈했고, 개척자라는 자부심 속에 놀라운 성과를 거두었습니다. 그러나 대형 플랫폼의 막대한 자본과 공격적 마케팅 앞에서 결국 운영 중단을 결정해야 했습니다.

당시 우리는 세 아이들과 장인·장모님, 독일에 거주하는 처형님까지 3대가 한 아파트에서 함께 살며 생존을 위해 고군분투했습니다. 포기하는 것은 곧 죽음과 같았습니다. 아이들에게 더 나은 미래를 물려주고 싶다는 아버지의 책임감, 성공한 가장이 되겠다는 열망이 저를 다시 일으켜 세웠습니다.

우리는 오픈마켓, 종합몰, 화장품 전문몰 등 새로운 유통 채널을 개척하며 기반을 쌓아갔습니다. 그 결과 2004년, EQ코스메틱은 법인 감성글로벌(주)로 전환되었습니다. 회사 이름에 글로벌을 넣은 것은 단순한 포부가 아니라, "세계의 마음은 하나로"라는 슬로건처럼 한국의 따뜻한 정을 세계에 전하고 싶다는 의지의 표현이었습니다.

우리는 독점 수입 브랜드를 확보하며 경쟁력을 키웠고, 직접 제품을 기획·개발할 기회도 얻게 되었습니다. 당시 '천연, 유기농, 내추럴'이 트렌드였지만 우리는 유행보다 본질에 집중했습니다. "민감한 피부에 진정한 보약은 진짜 내추럴이다."

특히 마돈나의 피부 주치의가 만든 닥터 브란트와 다양한 내추럴·오가닉 브랜드 경험은 우리의 방향성을 더욱 분명하게 했습니다. Doctor(의사) + Organic(유기농), 즉 "진정한 의사는 자연이다"라는 철학이 뿌리내리기 시작했습니다.

2020년, 닥터올가는 전 제품을 비건 & 클린 뷰티로 선언했습니다. 인류와 자연, 지구 환경의 지속 가능한 공존을 향한 사명과 비전을 선포한 것입니다. 그동안 상표권을 확보하고, 유통과 개발에 매진하며 쌓아온 모든 과정은 브랜드의 근간을 단단히 다지는 시간이었습니다. 결국 우리는 닥터올가의 철학이 결실을 맺는 순간을 보았습니다.

닥터올가는 단순히 제품을 판매하는 화장품 브랜드가 아닙니다. 사람의 삶을 회복시키고, 자연을 지키며, 인류 사회에 기여하는 진정성 있는 브랜드입니다.

실패란 없었습니다. 돌아보면, 지나온 모든 실패와 좌절은 우리를 더 강하게 만드는 밑거름이었습니다. '향수매니아'와 프랑스 약국 브랜드 라포뮬, 수많은 직·간접 화장품과 캔들류 100여 개 브랜드 도전은 온라인 시장의 가능성을 일깨워주었고, 수많은 시행착오는 우리만의 독보적인 철학과 가치를 정립하는 계기가 되었습니다.

그 모든 여정이 오늘날 글로벌 브랜드 닥터올가를 탄생시켰습니다. 돌아보면 실패란 없었습니다. 오직 더 큰 도약을 위한 값진 경험만이 있었을 뿐입니다.

●◦● 삶의 철학과 사람 6 ●◦●

사람 먼저,
관계의 비즈니스

닥터올가는 창업 첫날부터 '제품'보다 '사람'과 '자연'을
먼저 생각했습니다. 우리는 진정으로 좋은 화장품은 피
부에 바르는 기술에서 끝나는 것이 아니라, 사람과 자
연에 대한 깊은 이해에서 자연스럽게 태어난다고 믿었
기 때문입니다. 화장품은 단순한 소비재가 아니라, 삶
과 맞닿아 있는 소중한 매개체이자 일상의 일부입니다.

이 철학을 바탕으로, 우리는 고객 한 사람 한 사람의 피
부 고민뿐 아니라 생활 습관, 환경, 가치관까지 이해하
고자 노력했습니다. 그래서 닥터올가의 제품은 언제나
'고객의 라이프스타일'을 상상하며 기획되었습니다.

매일 아침 바쁜 시간을 쪼개는 워킹맘, 민감한 피부로 힘들어하는 청소년, 자연 친화적인 삶을 실천하는 활동가, 아이들의 건강한 성장을 염려하는 엄마까지—우리는 늘 한 가지 진리를 마음에 새깁니다.

"제품은 피부에 닿지만, 브랜드는 마음에 닿아야 한다." 이 고객 중심의 철학은 곧 조직 문화에도 스며들었습니다. 닥터올가를 운영하면서 저는 '사람 중심의 비즈니스'를 꿈꾸었고, 그 중심에는 언제나 '조직 문화'가 있었습니다. 단순한 성과 달성이 아니라, 함께 의미 있는 삶을 나누고 성장할 수 있는 공간을 만들고자 했습니다.

우리는 규칙보다 자율과 책임을, 직급보다 개인의 역할을, '누가 말했는가'보다 '그 아이디어가 어떤 가치를 만들어낼 수 있는가'를 중요하게 여겼습니다. 그러나 시간이 흐르며 저는 이상과 현실의 괴리를 뼈저리게 깨닫게 되었습니다. 회의는 자유로운 토론장이 아니라 일방적 전달의 시간이 되었고, '사람 중심'을 외쳤지만 결국 제 방식만을 고집하며 소통을 가로막는 오너 리스크를 만들고 있었던 것입니다.

이 깨달음은 제 마음에 큰 상처로 남았지만 동시에 새로운 변화를 향한 출발점이 되었습니다. 2018년, 양재 나비 독서모임에서 이랑주 박사님의 강연을 듣고 '브랜딩은 언행일치다'라는 메시지를 접한 순간, 저는 흔들리던 제 내면을 정면으로 마주했습니다. 이후 박사님의 브랜드 설계자 과정에 참여하며, 2023년 9월 6일 첫 수업에서 들었던 말씀이 제 인생을 뒤흔들었습니다.

"지금까지의 모든 언행이 바로 당신의 브랜딩입니다.
브랜드는 심상이며, 브랜딩은 언행일치입니다."

이 말은 마치 공자의 "아침에 도를 들으면 저녁에 죽어도 좋다(朝聞道 夕死可矣)"는 가르침처럼, 그토록 찾아 헤매던 진리를 만난 순간이었습니다. 저는 제 안의 불통과 마주하며 자문했습니다.

"왜 나는 직원들과 진정한 소통을 하지 못했을까?"
답은 의외로 단순했습니다. 오랜 경험에서 비롯된 자만심 때문이었습니다. 소통은커녕 일방적 전달만 했고, 경청보다는 관철을 원했습니다. 그 결과, 직원들은 제 말을 믿지 않았고, 형식적 동의만 남았습니다.

이것이야말로 조직을 무너뜨릴 수 있는 치명적 오너 리스크였습니다.

저는 제 한계를 인정하고 내면의 변화를 결심했습니다. 쉽지 않았지만, 그 과정에서 새로운 희망을 발견했습니다. 마태복음 7장 7절 말씀처럼,

"찾으라, 그러면 찾을 것이요. 두드리라, 그러면 열릴 것이다."

저는 용기 내어 문을 두드렸고, 제 삶의 새로운 길을 열어준 멘토들을 만났습니다. 그분들은 단순한 조언자가 아닌, 제 인생에 불꽃을 지펴준 은인들이었습니다. 그 가르침을 따라 저는 언행일치의 리더십을 구체적으로 실천하기 시작했습니다.

내면의 아집을 내려놓는 과정은 고통스러웠습니다. 자기 성찰의 날카로운 칼날에 스스로를 마주하며 두려움에 휩싸이기도 했습니다. 하지만 그 순간마다 새로운 가능성이 열렸고, 변화를 향한 첫걸음마다 설렘과 감사가 가슴에 채워졌습니다.

이 여정은 여전히 진행 중입니다. 그러나 분명한 확신이 있습니다. 이 길 끝에는 '진정으로 사람을 중심에 둔 조직'이 기다리고 있습니다. 그래서 우리는 늘 묻습니다.

"우리의 제품은 누구의 삶에 어떤 변화를 가져오는가?"
"우리의 결정은 누구의 일상을 더 나은 방향으로 이끄는가?"

사람 중심의 비즈니스는 단순히 '착한 기업 이미지'를 위한 전략이 아닙니다. 그것은 시장의 변화 속에서도 흔들리지 않는 브랜드의 근간이며, 지속 가능한 성장을 이끄는 가장 강력한 원동력입니다.

존 맥스웰은 이렇게 말했습니다. **"리더가 사랑해야 할 것은 자신의 직책이 아니라 사람들이다."** 이 말은 닥터 올가의 길을 비추는 등대와 같습니다. 이제 "사람이 먼저다"라는 말은 구호나 선언이 아니라, 우리가 매 순간 실천해야 할 원칙이며 기업 존재 이유를 증명하는 확실한 증거가 되어야 합니다.

▸▸● 삶의 철학과 사람 7 ●◂◂

마지막 꿈을 향한 여정

나는 오랜 시간 '성장'이라는 단어를 붙잡고 살아왔습니다. 처음 그 성장은 생존을 위한 몸부림이었고, 가족과 회사를 지키기 위한 끝없는 달리기였습니다. 그러나 어느 날, 문득 나 자신에게 물었습니다.

"나의 이 모든 노력들이, 과연 누군가의 삶에 의미 있는 변화를 주고 있는가?"

그 질문은 나를 새로운 길로 이끌었습니다. 이제 나의 마지막 꿈은 '선한 영향력'입니다. 선한 영향력이란 단순한 기부나 봉사가 아닙니다. 생각이 전해지고, 마음이 움직이며, 삶을 변화시키는 힘입니다.

그것은 닥터올가의 시작이자 현재이며, 내가 다음 세대에 남기고 싶은 유산입니다. 나는 믿습니다.

"생각이 바뀌면 인생이 바뀐다."

이 철학은 내 삶과 브랜드가 세상에 전하고자 하는 가장 중요한 가치입니다. K-뷰티가 세계 무대에서 주목받는 오늘, 나는 김구 선생님의 말씀처럼 문화강국의 비전을 떠올립니다. 문화강국이란 단순한 수출을 넘어, 우리의 정신과 가치가 존경받는 나라입니다. **닥터올가 또한 화장품을 넘어 삶의 가치를 전하는 브랜드, 선한 영향력을 나누는 공동체가 되고자 합니다.**

이 여정의 끝에 내가 바라는 것은 단 하나입니다. 사람들이 자신만의 아름다움을 발견하고, 그것을 삶 속에서 실현하는 것. 그 길을 위해 나는 책을 읽고, 배우고, 나누며, 사람들과 연결되기를 멈추지 않을 것입니다. 왜냐하면 가장 큰 영향력은 누군가의 삶에 작은 용기를 불어넣는 것이기 때문입니다.

지금까지의 길이 생존과 성장의 기록이었다면, 앞으로

의 길은 의미와 지속 가능한 가치의 기록이 될 것입니다. 나는 혼자가 아닙니다. 가족과 직원, 고객과 동행자들, 그리고 이 철학에 공감하는 모든 이들과 함께, 선한 영향력의 길을 걸어갈 것입니다.

비록 더딜지라도, 이타적인 가치는 결국 가장 멀리 갑니다. 나는 오늘도 한 걸음씩, 뷰티를 통해 인류 사회에 공헌하는 길을 걸어갑니다.

이제 우리의 최종 목표는 분명합니다. 모든 고객이 자신만의 아름다움을 발견하고 실현하도록 돕는 것이야말로 닥터올가가 추구하는 궁극적인 꿈이며, K-뷰티의 선두주자로서 대한민국의 뷰티 전문성을 세계의 기준으로 세워가는 길입니다.

"모든 고객이 자신만의 아름다움을 실현하고, 대한민국이 K-뷰티 문화의 중심이 되게 하자."

●●● **삶의 철학과 사람 8** ●●●

어떤 어른으로
살고 싶은가?

나는 세 아이의 아버지입니다. 아이들이 어린 시절, 우리 가족은 할아버지·외할머니와 함께 3대가 한 지붕 아래에서 살아가는 특별한 시간을 경험했습니다. 그때 내가 받은 사랑은 너무나 크고 깊었기에, 지금도 나는 스스로에게 "세상에 무엇을 남길 수 있을까, 내가 받은 사랑을 어떻게 보답할 수 있을까?"라고 묻곤 합니다.

이 질문은 단순한 고민이 아닌 내 삶을 이끌어온 근본적인 힘이 되어왔습니다. 제가 생각하는 '진정한 어른의 모습'은 세 가지로 나눌 수 있습니다.

첫째는 책임을 지는 어른입니다. 저는 다섯 살 무렵 아

223

버지를 여의었는데, 어린 나이에 아버지 없는 삶을 견디며 주위 어른들에게서 받은 칭찬과 격려는 저로 하여금 "반드시 누군가에게 힘이 되는 어른이 되어야겠다"는 다짐을 하게 만들었습니다. 아이들을 키우며 수없이 흔들리고 실수도 많았지만, 책임을 회피하지 않고 다시 일어서려 노력했습니다. 부모로서, 가장으로서의 책임은 저를 성장하게 한 가장 큰 힘이었습니다.

둘째는 배우고 성장하는 어른입니다. 저는 정규 학력이 초등학교에서 멈췄음에도 포기하지 않았습니다. 낮에는 생계를 위해 고된 일을 하고, 밤에는 야학에서 공부했으며, 검정고시를 거쳐 20년 만에 방송대학 학사 과정을 마쳤습니다. 비록 늦은 배움이었지만, 그 과정은 저를 더욱 단단하게 만들었고, 지금도 59세의 나이에 여전히 '성장통'을 겪으며 배우고 있습니다. 저는 진정한 어른이란 멈추지 않고 끝까지 배우는 사람이라고 믿습니다.

셋째는 사랑과 나눔을 실천하는 어른입니다. 저는 인생의 후반전을 맞아 인체조직기증 서약서를 작성했습니다. 죽음 이후에도 누군가에게 도움이 된다면, 그것이야말로 세상에 남길 수 있는 작지만 위대한 선물이라 믿기 때문입니다. 제가 받은 사랑을 반드시 돌려주겠다는 마음이야말로 어른의 가장 큰 품격이라고 생각합니다.

저는 사업에서 수없이 실패했고, 때로는 생존만을 위해 하루하루를 버텨야 했습니다. 그러나 언젠가부터 삶은 단순한 생존이 아닌 의미를 찾는 과정으로 변해 갔습니다.

아이들에게서 배우고 가족에게서 용기를 얻으며, 실패해도 다시 일어나 부딪히는 순간마다 위기는 반드시 기회로 바뀌었습니다. 이것이 제가 몸으로 깨달은 삶의 진리입니다.

좋은 부모, 좋은 어른은 모든 답을 아는 사람이 아니라 자녀와 함께 배우며 성장하는 사람이라고 믿기에, 저는 조금 더 따뜻한 아버지, 조금 더 성숙한 어른으로 살고 싶습니다. 더 나아가 제 삶의 사명을 '문화'와 연결하고 싶습니다.

1929년 백범 김구 선생님이 『백범일지』에서 말씀하신 "우리의 소원은 부강한 나라보다 문화적으로 가장 아름다운 나라"라는 철학은 이제 현실이 되었습니다.

오늘날 K-뷰티는 단순한 산업이 아닌 K-문화의 일부로 자리 잡았으며, 대한민국의 1등은 곧 세계의 1등으로 이어지고 있습니다. 이 무대는 청년들의 것이며, 홍익인간 정신 위에 선 우리 민족이 길이 없으면 길을 내어 왔듯이 앞으로도 세계를 바꾸어갈 것입니다.

좋은 어른은 완성된 존재가 아니라 끊임없이 배우고 변화하는 과정 속에 있다는 것을 저는 굳게 믿습니다. 제가 걸어온 길과 작은 결심들이 누군가에게 용기와 길잡이가 되기를 바라며, 오늘도 저는 스스로에게 "나는 어떤 어른으로 살고 싶은가?"라고 다시 묻습니다.

● 에필로그 ●

아내와 엄마, 내 삶의 가장 큰 행운

사랑하는 아내와
아내를 잘 키워주신 장모님께 이 책을 바칩니다.

34년을 함께 걸어온 우리.
그 길 위에는 어둡고 긴 터널의 연속이었다. 시간 속에서
나는 버티는 법을 배웠고, 생각을 버리는 법도 배웠다.

무엇보다, 당신이 곁에 있었기에 지금의 내가 있을 수
있었고, 말하지 않아도 알 수 있었다.

내가 주저앉아 있을 때나, 지쳐 돌아왔을 때도, 묵묵히
자리를 지켜주던 당신.
그 조용한 헌신 뒤에 얼마나 큰 눈물과 힘듦이 숨어 있
었는지,
나는 이제야 조금 철이 들어갑니다.

함께 일하던 어느 날,
다툼 끝에 내가 던진 무심한 한마디.
"그럼 당신은 출근하지 마세요."

그때 당신이 흘린 눈물 속에 힘들게 버텨온 세월이 한순간에 무너지는 듯한 아픔이 담겨있었겠지요.

그 눈물을 본 순간, 내 마음도 함께 무너졌다.
그날 이후 나는 마음가짐이 달라졌다.
당신은 단지 아내가 아니라,
내 삶의 가장 소중한 동반자이자 든든한 사업 파트너라는 것을.
지금도 여전히 지친 몸으로 하루를 버텨내는 당신을 바라보면 가슴이 아프다.

이제는 좀 쉬어도 될 나이인데, 여전히 걱정을 안고 사는 당신.
아침에 눈을 떴을 때 혹시 기척이 없으면 괜스레 겁이 날 만큼, 당신은 내게 소중한 존재이고 보물이다.

나는 아내를 걱정한다고 생각했지만,
돌아보니 언제나 당신이 나를 더 많이 걱정하고 있었다는 걸 이제야 깨닫습니다.

그 모든 감정의 이름은 결국 사랑이었다.
멈추지 않고 흐르는 눈물조차, 결국은 사랑의 또 다른 얼굴이었음을 압니다.

엄마에게

이 책을 세상에 내놓으며, 또 한 분께 내 속마음을 바치고 싶다. 94세까지 곁을 지켜주시다 2년 전 하늘나라로 떠나신 장모님.

그러나 내겐 언제나 장모님이 아니라, 엄마였다.
살아생전 지금도, 꿈에서 종종 만나 뵙는 엄마.

내 지갑 속에 늘 모셔둔 평온한 미소의 사진을 꺼내 볼 때마다 나는 다시 용기를 얻고, 마음이 쉼을 얻는다.

당신들이 있었기에 나는 버틸 수 있었다.
당신들이 있었기에 내 생각도, 내 운명도 바뀔 수 있었고, 이 책은 나의 이야기이자, 우리의 이야기이다.

사랑하는 아내, 그리고 엄마.
내 인생의 가장 큰 행운은 언제나 두 분과 함께였다는 사실이다.

고맙습니다. 사랑합니다.
그리고, 덕분이었습니다.

생각을
피부에 바르다

초판 1쇄 인쇄 2025년 10월 20일

지은이	이종현
펴낸이	굿멘토
기획 편집	박영배
디자인	이희경
마케팅	박진영 김희자 진선주

© 이종현 2025
© 굿멘토 2025

등록번호	2025년 9월 25일 제 2025-123호
주소	서울시 강남구 선릉로 704, 12층
전화	02-6402-1588

ISBN   979-11-987985-2-7

* 잘못된 책은 구입하신 서점에서 바꾸어 드립니다.
* 책값은 뒤표지에 있습니다.
* 이 책은 저작권법에 따라 보호를 받는 저작물이므로 무단 복제 및
  무단 전재를 금합니다.